전경호 집사
우리 엄마

전경호 집사 우리 엄마

ⓒ 고현숙, 2024

초판 1쇄 발행 2024년 2월 20일

지은이	고현숙
펴낸이	이기봉
편집	좋은땅 편집팀
펴낸곳	도서출판 좋은땅
주소	서울특별시 마포구 양화로12길 26 지월드빌딩 (서교동 395-7)
전화	02)374-8616~7
팩스	02)374-8614
이메일	gworldbook@naver.com
홈페이지	www.g-world.co.kr

ISBN   979-11-388-2773-7 (03230)

엄마가 좋아하는
코스모스와 하얀색 꽃으로

전경호 집사

우리 엄마

고현숙 지음

좋은땅

✾ 여는 말

"할머니, 응답받았어?"

이 말은 우리 딸이 초등학교 고학년이 되면서부터 20대 초반까지 자주 내뱉던 입에 붙은 말이다. 할머니가 기도만 하면 하나님이 해답을 주신다고 믿고 온갖 고민거리를 할머니에게 털어놓고 보채듯이 묻곤 했다. 어린 행동이기는 하지만 할머니의 믿음을 그만큼 신뢰하고 전적으로 의지했던 것이다. 나또한 긴 세월을 엄마의 중보기도로 살아왔다.

[마음이 청결한 자는 복이 있나니 그들이 하나님을 볼 것이요]

마태복음 5장 8절 말씀처럼 예수님 보혈의 피로 청결한 마음을 소유한 엄마는 날마다 반복되는 일상 속에서 하나님과 동행하는 삶을 살았다. 그리고 79세에 대장암 4기로 진단받고, 수술 후 330일 즉 11개월을 더 사시다가 80세에 하늘나라로 가셨다.

장례식을 마치고, 엄마가 남긴 노트 몇 권을 훑어보았다. 살아온 세월에 대한 기록, 신앙에 대한 기록, 자녀들과 손주들 각자를 위한 기도문 등 심지어 키우던 강아지 병원 갔다 온 날까지 꼼꼼하게 기록되어 있었다. 그러한 글을 읽어 가던 어느 순간에 엄마의 삶을 드러내고 싶었다.

고달픈 인생 속에서도 무너짐 없이 믿음을 소유했던 엄마가 위대하게 다가왔다. 믿음이 곧 삶이 되어 살아온 엄마를 보았다. 못 배우고 지극히 평범한 엄마가 인생에서 큰 업적을 남긴 것도 아니고, 이름을 날리는 어떤 봉사를 한 것도 아니고, 다니던 교회에서 사명자의 역할을 한 것도 아니다. 그저 조용하게 이름도 빛도 없이 살다 간 할머니이다. 이런 엄마의 이야기를 글을 써본 적이 없는 내가 책을 쓴다는 것이 너무나 웃긴 일이지만 용기를 내어 쓰기 시작했다.

살아 계신 하나님을 아직 만나지 못한 분들에게 조금이나마 도움이 되는 책이 되기를 소망하면서 썼다.

울산에서 2023년 11월 가을에

목차

Part 2 🌸 고난 속에 피어난 믿음

Part 1

죽음 너머의 승리

1

그동안 왜 몰랐을까?

배가 심하게 아프네 (2018. 9. 13. 저녁)

교회 양육 프로그램인 제자훈련을 마치고 강의실문을 열고 나오자마자 올케한테서 전화가 왔다. 그때가 저녁 9시쯤이었다.

올케: 형님, 어머님이 배가 많이 아프시다고 하는데 어떻게 할
　　　까요?
나: 그래, 지금 수업이 끝나서 나가는 길이니까 곧장 갈게.

교회에서 엄마 집까지는 걸어서 5분 내에 도착하는 가까운 거리라 금방 도착했다.

나: 엄마, 며칠 전에도 배가 아프다고 했는데, 오늘 또 아파?

엄마: 오늘은 그때보다 많이 아프다. 그리고 이틀 동안 변을 누지 못해서 더 심하게 아프다. 지금 응급실에 가야 할 것 같다.

나: 그러면 조금만 더 참아 봐요. 집에 가서 옷도 갈아입고 가방도 챙겨서 올게요.

옆에 있던 남동생과 올케에게 내가 다시 올 때까지 엄마를 잘 지켜보라고 일러두고 현관문으로 나서는데 엄마가 부른다.

엄마: 현숙아! 집에 가서 편히 자라. 통증이 가라앉고 있다. 내일 아침에 병원에 가볼 테니까 그만 집에 가라.

나: 조금 더 지켜보고요. 변비로 배에 가스가 차서 더 심한가?

동생: 지금 괜찮아도 똥은 빼야 되는데.

이런 대화를 주고받고 있는 사이 엄마의 얼굴 표정이 조금 펴지고 목소리에서 아픔이 약해진 것을 느낄 수 있었다. 워낙 아픔과 고통을 잘 참는 우리 엄마인지라 그 세기를 나는 정확히 가늠할 수 없다. 항상 자식들의 안위가 우선순위이기에 당신 자신의 아픔에도 불구하고 각자 집에 가서 편히 자라고 재촉했다. 우리는 엄마에게 다시 통증이 심해지면 얼른 전화하라고 일러두고 각자 집으로 헤어졌다.

내가 집에 도착해 벽시계를 보니 저녁 10시 15분쯤이었다. 남편과 딸아이가 아직 자지 않고 휴대폰으로 세상의 사건들을 훑어보고 있었다. 나를 본 남편이 장모님은 좀 어떻냐고 물어보았다. 딱히 뭐라 할 말이 없어서 내일 병원 가서 검사해 봐야 알겠지 하면서 내 방으로 들어갔다. 하지만 혹시나 해서 응급실에 갈 준비를 조금 해 놓고 옷을 입은 채로 누웠다. 긴장이 풀리면서 금방 잠이 들었다.

약 4시간 정도를 푹 잔 거 같다. 목이 너무 말라서 물을 마시려고 부엌으로 나오는데 내 휴대폰이 울렸다. 휴대폰을 통해 들리는 엄마 목소리에 아픔이 심하게 묻어 있었다. 나는 챙겨 둔 가방을 들고 엄마 집으로 뛰어갔다. 그때가 새벽 3시쯤이었다. 도착해 보니 남동생과 올케도 와 있었다. 교회를 중심으로 부모형제가 지척에 살고 있음을 다행이라 여기며, 머리도 마음도 발도 바쁘게 움직였다. 우리는 엄마를 동생 차에 조심히 태우고 울산대학병원 응급실로 갔다.

첫 진료가 응급실에서 시작되다 (2018. 9. 14. 새벽)

병원에 도착한 후에는 응급실의 매뉴얼에 따라 날이 밝을 때까지 검사가 하나씩 시행되었다. 새벽에 응급실에서 CT 판독을 통해서 내려진 병명은 장폐쇄증이라 했다. 그래서 변이 막혀 배가 아픈 것이라 했다. 소변도 정상이고 피의 염증 수치도 정상이라 했다. 우리 모두는 안도의 숨을 쉬었고, 나는 동생네 부부에게 집에 돌아가라고 했다. 그들은 아침에 출근을 해야 하기 때문이다. 아무 일도 없는 내가 엄마 옆에 남는 것은 당연한 일이었다.

동생네가 간 후 간호사가 좌약을 가져왔고, 침대 커튼을 사방으로 둘러친 후 엄마 항문에 좌약을 넣었다. 엄마는 배 아픔을 참느라 얼굴이 일그러지고 거친 숨소리가 새어 나오기 시작했다. 나는 변기통을 준비하고 대변이 나오기를 기다렸다. 5분이 지나자 엄마가 고통스러워했고, 나도 초조해졌다. 드디어 10분이 지나자 엄마가 변기통에 앉아서 변을 보기 시작했다. 팔에 링거를 맞고 있어서 대변보는 모습이 불편해 보였다. 정말 지독한 냄새와 함께 시커멓게 굳은 변이 끝없이 나왔다. 변기통이 차고 넘쳤다. 환자복뿐만 아니라 침대 커버까지 똥칠이 되었다. 나는 태어나서 이런 지독한 대변은 처음 보았다. 양과 냄새, 색깔까지 놀라움 그 자체였다. 엄마 항문과 그 주변을 닦아 내면서 내 손도 똥 범벅이 되었다.

화장실에 몇 번을 들락거리면서 겨우 뒤처리를 한 후 의자에 앉아서 병원 천장을 쳐다보았다. 직사각형 모양의 환풍기 기능에 감탄했다. 저것이 없다면 엄마 대변의 냄새로 주변에 누워 있는 환자와 의료진들에게 얼마나 민폐가 되었을까?

엄마도 새 환자복으로 갈아입었고, 침대도 바뀌었다. 대변을 다 빼내자 엄마는 배가 아프지 않다고 말한 후 잠이 들었다. 나는 화장실에 가서 손을 비누칠해서 또 씻었다. 그날 엄마의 대변 치우기는 나에게 무척 힘든 일이었다. (휴-)

일반병동으로 옮기다 (2018. 9. 14-15.)

아침이 밝아 온 후, 엄마는 응급실에서 일반병동 입원실로 옮겨졌고, 담당 내과 의사 한 분이 오셔서 정확한 병명은 아직 내릴 수 없다고 했다. 그래서 그날도 CT 촬영을 비롯해 여러 종류의 검사를 하느라 엄마를 휠체어에 앉히고 병원 이곳저곳을 다녔던 기억이 난다.

그날 오후 5시가 되어서야 모든 검사가 끝났다. 엄마는 침대에 누워서, 나는 의자에 앉아서 그나마 한숨을 좀 돌렸다. 그제서야 옆에 어떤 환자가 있는지 보호자가 누군지 눈에 들어오기 시작했다.

저녁 배식 시간이 되자 입원실 복도에서 풍겨 오는 음식 냄새가 내 코를 자극했다. 입원실 환자들도 저녁을 먹기 위해서 침대 위 식탁을 펴 준비했고, 보호자들도 침대에 걸터앉아 식사를 함께 했다. 그런데 엄마의 식사는 나오지 않았다. 간호사에게 물어보니

다음 날 아침 대장 내시경 검사가 있어서 금식해야 한다고 했다. 저녁밥 대신 물에 타서 마실 가루약을 주었다.

전날 응급실에서 그 많은 대변을 빼내었는데 장 속에 남아 있는 분비물이 있을까 하는 생각이 들었다. 아무튼 병원에서 시키는 대로 밤새 마시고 누고 마시고 누고를 반복하면서 힘든 시간을 보냈다.

아침 9시가 되자 간호사가 와서 엄마를 휠체어에 앉히고 대장 내시경을 받는 곳으로 안내해 주었다. 엄마가 검사를 받는 동안 무사히 안전하게 끝나기를 바라며 기도했다. 시간이 좀 지나자 보호자를 부르기에 엄마가 있는 회복실에 갔다. 마취에서 깨어난 엄마가 힘없이 나를 쳐다보았다. 얼마나 힘들었을지 짐작이 되고도 남는다.

다시 61병동 입원실에 오자 엄마는 잠을 자기 시작했고, 점심으로 죽이 나왔지만 절반만 먹고 또 잤다. 이날 저녁 회진 시간에 담당 의사 선생님께서 오셔서 말하길, 모든 검사의 결과는 다음 주 19일(수요일)에 나온다고 했다.

기다리고 또 기다리다 (2018. 9. 16-19.)

입원실의 환자와 보호자들의 모습은 거의 다 비슷하다. 엄마와 나도 예외는 아니었다. 똑같은 환자복에 링거를 맞느라고 투명한 수액줄이 머리 위에서 한쪽 팔 위에 늘어져 있고, 그 옆에 표정 없는 부스스한 얼굴로 보호자가 앉아 있다.

응급실 진료를 포함해서 병원에 온 지 3일이 되자 입원실의 일상생활에 익숙해졌다. 6명의 동병상련을 앓는 환자들도 한눈에 들어오고, 보호자 간 별 대화가 없어도 그들의 눈빛과 한숨이 뭘 의미하는지 이해가 되었다.

엄마가 코로나-19 팬데믹이 오기 전에 입원했기 때문에 입원실에 들락거리는 면회자들이 다양하고 많았다. 이로 인해 나는 새로운 습관이 생겼다. 나는 그들이 내뱉는 소리에 저절로 귀가 쫑긋해지고, 내 눈은 그들의 행동을 무심한 척 자세히 지켜보면서 나만의 재미있는 사실을 알게 되었다. 환자를 대하는 방문객들의 말속에 녹아 있는 감정, 표정, 행동들을 보면서 굳이 말하지 않아도 누가 딸이고 누가 며느리인지 또 누가 아들이고 누가 사위인지 알아졌다. 피가 물보다 진하다는 말이 실감났다. 엄마에게 이 얘기를 했더니 이미 다 알고 있다는 듯이 조용히 웃었다.

하루 3번 식후 진통제 알약을 먹어서인지 엄마의 배 아픈 통증이 사라졌다. 덕분에 가끔씩 수액을 스탠드에 달고 6층 복도에 연결된 하늘공원을 같이 거닐며 바깥 공기도 쐬고 화단에 심겨진 키 작은 나무들과 꽃들을 보면서 마음을 추스르기도 했다.

엄마와 나에게 있어 입원실이 그렇게 갑갑하지는 않았다. 엄마의 침대가 창가에 있어서 사용할 수 있는 공간이 조금 더 넓은 느낌이 들었다. 엄마는 누운 채로 창문을 통해 들어오는 먼 산의 풍경을 보거나 하늘 속에 떠 있는 구름 조각을 보면서 생각에 잠기기도 하고, 하나님께 기도하느라 입술을 움직이기도 했다. 엄마가 자면 나 또한 창가에 서서 같은 행동을 했다. 창문에 햇살이 강하게 비쳐 들어와도 커튼을 치라고 요구하는 사람이 없었다. 병실에 있는 모든 분들께 고마웠다.

아침마다 의사선생님이 회진 오셨지만 별 얘기는 없었다. 우리 두 모녀는 큰 병이 아니길 바라는 마음으로 하루하루 보냈다. 검사 결과를 기다리면서.

대장암 4기가 웬 말이야 (2018. 9. 20-21.)

이날도 아침식사 배식과 함께 입원실의 일상이 시작되었다. 담당 의사의 회진이 무척 기다려졌다. 검사 결과를 통보받는 날이기 때문이다. 드디어 흰 가운의 의사와 간호원이 보였다. 그런데 이 날은 담당 의사를 비롯해 외과의사 양○○ 교수님과 몇 명의 간호사가 같이 왔다. 그리고는 양 교수님이 엄마에게 이것저것 물어보시면서 엄마의 정신상태나 신체적 상태를 살펴보는 것 같았다. 간혹 엄마의 대답이 맞는지 나에게 확인차 묻기도 했다.

양 교수님은 마지막으로 엄마에게 "장에 문제가 있어서 수술을 해야 합니다."라고 말하고는 나와 남편을 따로 불러 61병동 복도 한가운데 위치한 데스크로 갔다. 거기서 컴퓨터로 검사 결과들을 보여 주며 설명하였다. 특히 대장이 촬영된 부분들을 자세히 보여 주었다. 옛날에 맹장 수술했던 그 부분에 큰 혹이 있었다. 그 혹은 암덩어리였고 변을 막고 있던 그것을 응급실에서는 장폐쇄증이라 말했던 것이다. 이미 암이 복부에 좀 퍼져 있고 방광과 골반에도 암이 전이 되어서 다리와 허리가 아팠을 것이라 했다.

최종 결과는 대장암 4기이고, 다행인 것은 임파선에 전이가 없어서인지 암환자임에도 피의 염증수치가 거의 정상에 가깝다고 했다. 그래서 수술 날짜를 9월 28일 낮 12시로 잡았다고 했다.

설명을 듣는 동안 심장은 두근두근 뛰는데 머릿속은 하얘지면서 아무생각도 나지 않았다. 남편이 뭐라뭐라 물으면서 의사 선생님과 대화를 나눴는데. 내 귀에는 하나도 들어오지 않았다. 엄마가 대장암 4기라는 결과가 나에게는 너무나 큰 충격이었다.

일단 의사와의 얘기는 일단락 짓고 좀 더 자세한 일정에 대한 설명은 담당 간호사로부터 들었다. 심전도 검사를 하고, 방사선과 가서 폐 사진을 찍고, 내일 21일 아침에 퇴원을 하라고 했다. 추석을 집에서 보내고 27일 다시 입원해서 28일(금요일)에 수술한다고 했다. 퇴원 후 6박 7일을 집에서 보내고 다시 입원하라는 얘기였다.

남편과 나는 휴게실에 잠시 앉아서 정신을 차린 후, 눈앞에 닥친 이 사실을 엄마에게 어떻게 말을 해야 할지 고민했다. 정확하게 다 말하자니 마음이 아프고, 적당히 줄여서 말하자니 엄마를 속이는 것 같고. 무엇보다 엄마 앞에서 거짓말을 하거나 둘러대는 얘기는 할 수 없었다. 내가 살아오면서 엄마 앞에서 거짓말을 하거나 어떤 사실을 가감해서 말하다가 들켜서 혼난 적이 여러 번 있었다.

엄마는 진짜배기 믿음을 소유한 영안이 열린 신앙인이다. 성령님의 도우심을 구하면 상대방의 심령까지 들여다보셨다. 어쩌면 엄마 몸이 이 지경까지 온 것을 본인은 알고 있었는지도 모르겠

다. 신앙의 힘으로 그냥 살아왔는지도 모르겠다. 좀 독특한 분이
라서.

나는 남편과 합의를 보았다. 퇴원 후 집에 가서 하루 푹 쉬고 사
실대로 다 이야기하기로.

내가 병실에 다시 들어왔을 때 엄마의 표정은 어제와 똑같았다.
의사 선생님이 뭐라고 했냐고 묻지도 않는다. 내일 퇴원하면 장을
봐서 추석 지낼 준비를 해야겠다고 했다.

그날 저녁 동생들에게 전화를 다 돌리고, 추석 전날 조카들도
모두 꼭 오라고 했다. 명절 때마다 모두가 오기는 했지만 한 번 더
강조했다.

늦은 저녁 퇴원 준비를 위해 물건을 챙기면서 버려야 할 것, 젖
은 것들은 따로 싸야 하는데 그냥 큰 가방에 쑤셔 넣고 또 끄집어
내고를 반복했다. 한마디로 머리 따로 마음 따로 손 따로 움직였
다. 이상한 경험이었다. 충격이 심하면 그런가 보다.

그날 저녁 나는 심장이 계속 두근거리고 호흡도 고르지 못했다.
게다가 늘 아프던 배가 더 심하게 아팠다. 엄마보다 내가 더 아팠
다. 간이침대에 누워 날밤을 샜다.

다음 날 21일 아침 바로 밑에 남동생이 와서 퇴원 수속을 밟고 엄마를 모시고 집으로 돌아왔다.

2

하나님 자녀가 되는 축복의 길

나랑 얘기 좀 하자 (2018. 9. 22-23.)

　퇴원 후 간만에 잠을 푹 자고 일어났다. 제일 먼저 엄마에게 전화를 걸어 아침 식사는 했는지, 약은 먹었는지, 배가 어느 정도 아픈지를 물었다. 다 괜찮다는 짤막한 대답을 한 후, 얘기 좀 하게 시간되는 대로 올라오라 하셨다. 나는 죽을 데워 먹고 빠른 걸음으로 엄마 집으로 갔다. 평소대로 엄마는 단정하고 평온한 모습으로 소파에 앉아 계셨다. 약 때문에 통증의 세기가 누그러졌을 뿐 분명히 배가 아플 텐데 엄마는 집 청소는 물론, 내가 오면 같이 먹을 국까지 끓여 놓으셨다. 너무 부지런하고 깔끔한 성격이라 딸인 나도 조금 버거울 때가 있다. 내가 따라가지를 못하니까. 내가 소파에 깊숙이 기대어 앉자 거두절미하고 엄마가 묻는다.

엄마: 암이지? 말기암인가?

나: 응. 그런데 말기암이 아니고 대장암 4기야.

엄마: 오른쪽 아랫배가 늘 아팠는데… 언젠가부터 허리가 아프고, 다리도 뒤가 댕기며 아프고, 오줌 누기가 점점 힘들어졌어. 그게 암 때문이었네.

나: 엄마, 대장암 4기는 수술과 항암 치료 등으로 치료가 가능하고 말기암은 환자가 살아갈 날이 6개월 미만일 때 쓰는 말이야. 암 4기와 말기암은 다르니까 엄마하고는 상관없어요.

엄마: 수술은 해 보지만, 항암치료는 받지 않는다. 동생들한테도 그렇게 얘기하고, 김 서방, 박 서방한테도 애쓰지 말라고 말해 두어라.

나: 암 수술 후 항암치료는 짝지 같은 거니까 꼭 해야 해. 요즘은 약이 좋아서 나이가 많아도 항암치료를 잘 견딜 수 있어요.

엄마: 수술 후 예후가 좋든 나쁘든 항암치료는 받지 않는다. 절대 안 한다. 알겠지. 젊은 날 죽을 고비도 몇 번 넘겼고, 고되고 험한 인생살이 속에서 지금까지 살아온 것만으로도 감사하다. 무엇보다 너희들이 다 독립해서 서로 폐 끼치지 않고 밥 먹고사니까 보기 좋고. 너희들 어릴 때나 학교 다닐 때 내가 암에 걸렸으면 모두가 힘들었을 텐데 지금 이 나이에 암이 걸린 게 천만 다행이지.

엄마가 말하는데 나는 눈물이 흐르기 시작했다. 과거의 삶이 얼마나 힘들었으면 대장암 4기라는 병을 이렇게 초연하게 받아들일까. 보통의 사람이라면 모든 치료 방법을 동원해서 좀 더 살아 보려고 노력할 텐데 말이다. 그렇다고 엄마가 돈이 없는 것도 아니다. 엄마의 노후는 자식들보다 훨씬 풍족했다. 충분히 치료받고, 좋은 곳에서 요양할 여력이 충분했다. 그럼에도 엄마는 모든 것을 거절했다. 수술 후 항암치료 없이 사는 데까지 살다가 빨리 천국에 가고 싶다고 말했다. 또한 나에게 딴 기도 하지 말고 고통 없이 천국에 빨리 엄마를 데려가 달라고 주님께 부탁기도를 하라고 말씀하셨다. 그리고 울산에 있는 외가 쪽 친척들에게는 수술 후 안정을 충분히 취한 뒤에 당신이 직접 전화할 테니까 하지 말라고 또 부탁하셨다. 나는 엄마가 원하는 대로 해 드려야겠다고 생각했다. 이날 엄마와 점심, 저녁을 같이 먹고 좀 더 이야기를 나누고 집에 왔다.

추석 전야제 (2018. 9. 24.)

아침 일찍 일어나 넋 놓고 식탁에 잠시 앉아 있었다.

'엄마가 왜 대장암에 걸렸지? 그것도 4기라니. 몸이 늘 약하기는 했어도 정갈한 음식을 규칙적으로 먹고, 신앙생활 잘 하고 살아왔는데, 왜? 수술하는 게 맞는 것일까? 아님 기도원 가서 나무뿌리가 뽑힐 정도로 하나님께 매달리며 기도해야 하나? 하나님이 허락한 걸까? 사탄이 준 걸까? 아니면 노년의 나이로 저절로 발생한 걸까? 흔히 말하는 삶의 스트레스가 원인일까? 수술 후 얼마나 살게 될까? 앞으로 어떻게 해야 되지?'

생각에 꼬리를 물고 계속 나에게 질문을 던졌다. 그러다가 당사자인 엄마의 심정은 어떨까 생각하니 가슴이 울컥울컥하고 억울함이 몰려와서 소리 없이 울었다.

나는 아직 자고 있는 남편과 딸을 깨우지 않고 엄마 집으로 올라갔다. 현관에 들어서자 역시나 일하는 엄마의 모습이 확 들어온다. 혼자서 슬금슬금 준비해 온 음식과 재료들이 거실 한쪽을 차지하고 있다. 그것을 보자 도와주지 못한 미안함과 애달픔이 올라왔다.

나: 엄마, 이걸 언제 다 했어. 좀 쉬라고 해도 왜 그렇게 말을 안 들어요. 올케랑 동생이 음식을 해온다고 했잖아.

노기 섞인 불만이 내 입에서 튀어나오기 시작했다.

나: 떡집에서 송편을 한 되만 사도 충분할 텐데. 아픈 몸으로 이걸 꼭 집에서 만들어야 하냐고요.

엄마는 아무 말 없이 쌀가루 반죽을 내 앞으로 당기더니, 저녁에 형제들이 오기 전에 얼른 만들자고 했다. 나는 또 울고 싶은 심정을 꾹 참고, 콩과 깻가루를 번갈아 넣어 가면서 송편을 만들었다. 시간이 지나 돌이켜 보니 그날이 엄마랑 송편을 빚은 마지막날이 되었다. 앞날을 예측할 수 있는 혜안이 나에게 조금이라도 있었더라면 그날 나는 소중한 추억으로 간직할 얘기를 나누면서 일을 했을 텐데. 후회막심하다.

저녁이 되자 형제들과 조카들이 하나둘씩 엄마 집에 모이기 시작했다. 우리 남편과 딸도 왔다. 마지막으로 부산에서 여동생 식구들이 오자 엄마의 직계 자녀와 손주들이 다 온 셈이다. 그날 저녁식사는 어느 때보다도 음식이 풍성했다. 엄마가 한 음식에다 각자 집에서 준비해 온 음식들로 많은 접시를 가득가득 채웠다. 우리 모두는 배불리 정말 잘 먹었다. 특히 손주들이 "할머니 잘 먹었습니다."라며 감사를 표하자 엄마는 환자임에도 얼굴이 화사하게 피었다. 나는 무엇보다도 그날 저녁 엄마가 저녁을 제대로 드셔서 감사했다.

저녁식사를 끝내자 올케와 여동생이 부지런히 설거지를 하고 부엌 정리를 했다. 남자들도 이것저것 거들며 거실을 정리했다. 말끔히 정리가 끝나자 엄마는 큰방으로 들어가셔서 침대에 누우셨다.

거실에 남은 우리는 다과상을 가운데 두고 서로 둘러앉아 최대한 낮은 소리로 얘기를 했다. 남편은 3년 전 위암으로 돌아가신 시어머님을 돌본 경험담을 얘기했고, 제부는 자신의 아버지가 간암으로 수술 후 항암 치료 중에 돌아가신 상황들을 떠올리며 설명을 했다. 우리는 서로 신중히 듣고 각자의 생각들을 말하기도 했다. 또한 우리 가정보다 먼저 이런 과정을 겪은 지인들로부터 들은 조언들, 인터넷을 통해 얻은 정보들도 같이 나누면서 시간을 보냈다.

저녁 10시가 지나자 엄마랑 같이 살고 있는 남동생이 들어왔다. 쉰 살이 넘었지만 결혼하지 않은 장남이다. 낮에 서너 번 집안을 들락거리더니 저녁 늦게 귀가했다. 동생도 나름대로 당황스럽고 착잡한 기분을 식구가 아닌 친구들에게 심정을 토하고 온 것 같았다. 부산에서 온 여동생이 피곤했는지 하품을 몇 번 하더니 곧 작은방으로 자러 들어갔다. 그래서 우리는 모두 자리에서 일어나 내일을 위해 각자 집으로 향했다.

협력하여 드린 예배 (2018. 9. 25. 추석)

모두가 모였다.

거실 한가운데 사각의 큰 교자상 두 개를 붙여 놓고 온 식구가 둘러앉았다. 나는 지난밤 준비한 예배 순서지를 돌리고, 사도신경을 시작으로 명절 아침 예배를 인도하였다. 모두가 침착하고 진지한 표정을 하고 있어서 약간 엄숙한 분위기의 추석 아침이 되었다. 엄마는 소파에 앉아서 같이 예배를 드리면서 아들, 딸, 사위, 손주들의 모습을 눈에 사진 찍듯이 응시했고, 엄마 얼굴의 양쪽 관자놀이 부분이 붉게 상기되어 있었다. 엄마 마음속에 복잡한 감정들이 복받쳐 올라오고 있음을 나는 알 수 있었다.

찬송가를 합창할 때는 엄마 눈에서 눈물이 흐르고 있었다. 그 눈물의 의미가 나에게 전달된 바는 이렇다. 믿는 자나 안 믿는 자나 모두 협력하여 예배드림에 감사했고, 또한 하나님의 은혜와 성령님의 감동 감화가 그 시간 엄마에게 임했기 때문이다. 신앙적 체험이 없다면 엄마의 그 눈물을 단지 아픈 노인네가 주책없이 흘리는 눈물로만 간주할 것이다. 바로 우리 남편이 그러했다.

남편: 숙아, 장모님 많이 아프신가 보다. 장모님 편하게 누우세요. 숙아! 베개 갖다드려라.

딸이 남편에게 못마땅한 표정으로 힐책하듯이 말했다.

딸(소원): 아빠! 바보 온달 같다.

다른 손주들은 킥킥거리고, 엄마도 눈물을 손등으로 닦으며 조용히 웃었다.

이 와중에 예배는 계속 진행되었다. 성경말씀은 마태복음 20장 1절에서 16절까지 포도원의 품꾼들 이야기를 돌아가며 한 절씩 읽었다. 포도원 주인이 아침 일찍부터 모여든 일꾼들을 포도원에 들여보내고, 또 장터에 가서 놀고 서 있는 자들을 포도원으로 이끌기 위해 오전 9시, 정오 12시, 오후 3시, 오후 5시 계속하여 품꾼들을 찾아 포도원으로 들여보낸다. 그리고 날이 저물매 하루의 품삯을 받는다. 새벽에 온 자나 오후 5시에 온 자나 모두 한 데나리온씩 받는다. 그러자 일찍 온 자가 주인을 향하여 원망한다. 나중에 온 이 사람들은 한 시간밖에 일하지 않았고 우리는 종일 수고하여 더위를 견디었는데 품삯이 왜 똑같냐고 따진다. 주인이 대답한다. "나는 모두에게 품삯으로 한 데나리온을 약속했다. 이것은 주인인 내 뜻이지 너와는 상관없다."

나는 동생들에게 이 말씀에 대해 부가설명을 했다.

나: 구원은 먼저 믿는 자와 나중에 믿게 된 자들에게 차등으로 주어지는 것이 아니다. 모두에게 공평하다. 그러니 언젠가는 꼭 예수 믿고 구원받아 천국 백성이 되기를 간절히 바란다. 나중에 믿는 너희들의 믿음이 먼저 믿은 나보다 훨씬 크고 견고하게 단을 쌓을 수도 있어. 구원의 상급은 온전히 하

나님의 뜻에 달린 것이야

남편: 아멘-!

남편의 아멘 소리에 모두가 웃으며 따라한다. 확실히 여느 때
와는 다른 추석 아침이었다. 우리는 주기도문을 마지막으로 읊고,
아침 식탁을 서로서로 빠르게 도우며 차렸다. 역시나 풍성하였다.

아버지와 강도에게 임한 구원의 길

늦은 아침을 잔뜩 먹고 모두가 여기저기 널브러져 있었다. 큰방
엄마 침대 옆에서 잠자는 제부, 작은방 이쪽저쪽에서 잠자는 조카
들, 소파에 반쯤 누워서 휴대폰 검색만 하는 우리 딸, 그 옆에 코를
골며 자는 남편. 다들 피곤했었나 보다.

오후 2시쯤 엄마가 교자상을 펴고 밥상을 차리기 시작했다. 올
케가 옆에서 거들고 나는 남정네들을 깨우기 시작했다. 하나같이
점심을 먹지 않겠다고 하길래 과일, 송편, 튀김, 음료 등으로 간단
히 차렸다. 차려진 음식이 반쯤 없어졌을 때 엄마가 소파 한가운
데 앉으시더니 당신이 하는 말을 잘 들어보라고 하셨다.

엄마: 내가 지금 살아 있을 때 아버지 얘기를 해야겠다. 모두 잘

들어봐라. 누나는 이미 알고 있다. 나랑 몇 번 얘기 했던 거라서. 김 서방, 박 서방, 이해가 안 돼도 잘 들어보게. 아버지가 돌아가시기 일주일 전에 내게 이렇게 말했어.

아버지: 하얀 옷 입은 사람이 나타나서 7일 후 정오에 시험 치러 오래.

엄마: 무슨 시험이라 하던가요?

아버지: 나도 몰라. 그냥 시험 치러 오라고 했다니까.

엄마: 하얀 옷 입은 분이 꿈에 나타났는가요? 아니면 눈 뜨고 있을 때 보았나요?

아버지: 몰라. 그냥 흰옷 입은 사람이 말했어.

엄마: 나는 그것이 무슨 의미인지 하나님께 알려달라고 기도했어. 성령의 음성이 들려왔지. [내가 그의 영혼을 긍휼히 여긴다]라고.

나는 금방 깨달아졌어. 하나님께서 아버지 영혼을 구원하시어 천국에 입성케 하려고 하시는구나, 하고.

나는 제일 먼저 목사님을 집에 모셔 와서 아버지 영접기도를 부탁드렸고, 아버지는 온순하게 있는 힘을 다해 따라했어. 그때 내 마음이 뜨거움으로 벅차오름을 느꼈어. 아버지를 위해 늘 기도는 해왔지만 그날 이후 더욱 간절히 기도했어.

하나님을 거역하고 살아온 죄, 말씀에 무지해서 지은 죄들,

세상 사람들 속에서 지은 죄, 내가 아는 것, 모르는 것 몽땅 하나님께 아버지를 대신해서 회개기도를 엄청 했다. 그리고 한 번씩 회개기도를 따라하게 했지. 본인이 직접 토설해서 죄사함을 받도록 도왔어. 잠잘 때는 머리맡에 찬송가도 틀어 주고, 손잡고 기도해 주고, 깨면 성경도 읽어 주고.

사나흘이 지난 후 내가 누나한테 오라고 전화했어.

나: 맞아, 엄마. 그때 내가 소원이 데리고 택시타고 왔어요. 집에 들어섰을 때 아버지가 앉아 있었어. 그때 모습은 얼굴에 살이 쑥 빠져서 눈이 휑하게 파여 있었고, 팔다리는 마른 나뭇가지 같았어.

나는 아버지가 다시 생생히 기억나 마음이 울컥해졌다. 나는 누구에게도 내 마음을 들키지 않으려고 용을 썼다. 그날 엄마는 내 앞에서 한 번 더 확인하려고 아버지한테 또 물어보았다.

엄마: 누가 시험 치러 오라고 했어요?
아버지: 하얀 옷 입은 사람이 말했어.
엄마: 언제 오라고 했어요?
아버지: 7일 후에.
엄마: 누가 오라 했어요?
아버지: 왜 자꾸 물어 피곤하게. 흰옷 입는 사람은 예수님이야. 이제 3일 남았어.

아버지가 약간 화난 듯이 말했다. 아버지가 암으로 죽어 가는 사람이었지만 정신이 또렷했다. 병원이 아닌 집에서 자연사하기를 원했기 때문에 독한 진통제를 맞지 않았으니 어떠한 환각이나 환청에 노출되지도 않았다. 사실 아버지는 돌아가시는 순간까지도 의식이 멀쩡했다.

나는 엄마와 아버지의 대화를 지켜본 후 확신했다. 아버지가 보고 들은 것은 사실이라고. 엄마는 이 얘기를 그동안 나 외에는 누구에게도 하지 않았다. 성경말씀을 믿지 못하는 자녀들에게 어떻게 말할 수 있었겠는가.

엄마가 계속 말을 이어갔다.

엄마: 정말 아버지가 7일째 되는 날 낮 12시에 돌아가셨다. 돌아가시던 날 아침 11시쯤 아버지가 온 힘을 다해 혼자 일어났어. 그리고는 거실 창문을 열고 바깥공기를 한참 쐬었어. "아- 시원하다."라고 몇 번 말하고는 그대로 자리에 누우셨다. 그때 내가 성종이한테 어서 와서 아버지를 지켜보라고 하고 나는 목사님께 뛰어갔다. 그리고 아버지는 돌아가셨다. 너희도 다 알다시피 2002년 음력 4월 8일 낮 12시에 소천하셨다. 하나님이 알려 주신 날짜에 천국 가신 거야.

말을 잠깐 끊었던 엄마의 얼굴은 울음이 터지기 직전의 어린아이와 같은 모습이었다. 붉게 물든 얼굴 속에 눈물이 그렁그렁 담겨 있었다. 엄마는 성경책을 나에게 건네주시면서 마태복음, 누가복음에 나오는 두 강도 이야기를 읽어 보라 하셨다. 그리고는 모두가 이해할 수 있도록 쉽게 설명해 보라 하셨다. 그때 내가 한 이야기는 다음과 같다.

예수님께서 십자가에 못 박혀 돌아가실 때, 예수님과 함께 강도 둘이 십자가에 못 박혀 하나는 우편에, 하나는 좌편에 매달린다. (마태복음 27:38) 그 현장에 있던 대제사장들, 서기관들, 장로들, 지나가는 일반 행인들조차 예수님을 모욕하고 희롱하였다. 심지어 양옆에 십자가에 달려 있던 강도 두 명도 예수님께 욕을 하였다. (마태복음 27:44)

그런데 시간이 지나면서 두 강도의 태도가 판이하게 달라진다. 하나는 여전히 뭇 사람들과 마찬가지로 완악한 마음 그대로 예수님을 조롱하였다. 허나 또 다른 강도는 자신의 죄를 깨닫고 회개를 한다. 그리고 예수를 구주로 인정한 순간 구원을 받는다.

[예수여 당신의 나라에 임하실 때에 나를 기억하소서 하니] 누가복음 23장 42절
[예수께서 이르시되 내가 진실로 네게 이르노니 오늘 네가 나와

함께 낙원에 있으리라 하시니라] 누가복음 23장 43절

이렇게 한 강도에게 엄청난 역사가 일어난 것이다.
나는 다시 아버지와 강도 이야기를 섞어 가며 설명을 더했다.

세상에 속한 어떤 공로나 선한 행실로 천국 갈 수 없다

누가복음에는 강도를 행악자라고도 부른다. 그 이름대로 악을 일삼아 먹고살았을 것이다. 강도질을 해서 자신의 가족에게는 선을 베풀었어도 타인에게는 피해만 주는 나쁜 사람이었을 것이다. 그 두 강도가 예수님과 동시대의 사람이니까 풍문으로 예수에 대한 소문을 들었겠지만 별 관심도 없었을 것이다. 따라서 그들이 살아생전 두 손 모아 기도 한 번 하지 않았을 것이고, 구제 헌금 한 번 하지 않았을 것이다. 그렇게 악한 행실로 세상을 살아온 한 강도는 죽어 가는 순간에 죄를 회개하고, 예수님이 구주이심을 마음으로 믿자 너무나 짧은 시간에 구원을 받는다. 우리 아버지도 7일 만에 구원을 받았으니 살아온 세월에 비하면 너무나 짧은 시간이다. 물론 우리 아버지는 강도도 행악자도 아니셨다. 처자식을 먹여 살리기 위해서 몸이 망가지도록 열심히 일한 노동자였다. 법 없이도 살 사람이라는 소리를 들을 정도로 선량한 시민이었다. 이것은 겉모습의 아버지였고, 드러나지 않은 속사람의 아버지는 달

랐다.

　천지를 창조하신 전능자 하나님을 무시하였고, 아내인 엄마도 무시하여 잔소리가 심했고, 간혹 심한 말도 서슴지 않고 내뱉었다. 가치관이 세상의 쾌락을 쫓아 사는 자기중심적인 사람이었다. 속사람은 행악자와 별반 다르지 않았다.

　한 강도는 십자가에서, 아버지는 병상에서 구원을 받았다. 그 강도는 자기가 벌을 받는 것이 잘못 행한 일에 대한 정당한 보응이라 인정하며 회개하였다. 우리 아버지는 꿈속의 내용이 뭘 의미하는지는 몰랐지만 자신의 의지를 반영하여 즉각적인 순종을 한 것이고, 엄마는 믿음의 눈으로 그것을 해석하여 아버지를 회개시켜 구원의 길로 인도하신 것이다. 결국 아버지도 강도도 이 땅에서 어떤 공로나 선한 행실로 구원받아 천국 가신 것이 아니다. 둘 다 이 땅에서 세례의식을 치른 적도 없다. 인생의 마지막 순간에 하나님의 사랑을 거부하지 않고 그대로 받아들여 구원의 은혜를 받은 것이다. 정말 값없이 인간에게 베풀어 주시는 하나님의 전적인 은혜였던 것이다. -할렐루야-

예정설은 이런 거야

나의 두 강도 얘기와 아버지 얘기가 끝나자 엄마가 나에게 또 에베소서 1장 3절부터 14절까지를 읽어 보라 하셨다. [하늘에 속한 신령한 복]이라는 소제목으로 3절이 시작되는 말씀이다.

엄마: 세상 모든 사람은 죄인이야. 행악자들처럼 드러내놓고 죄를 짓는 사람도 있지만, 남이 모르게 마음과 생각으로 짓는 죄들도 아주 많아. -시기, 질투, 거짓말, 교만, 이간질, 아첨, 탐심, 미워함, 원수 맺기, 비방, 오만함 등- 이 죄악들의 뿌리는 인류의 첫 조상인 아담과 하와로부터 시작되었지. 선과 악을 알게 하는 나무의 열매를 먹지 말라고 하나님이 명령하셨지만, 그들은 불순종하는 죄를 범하게 되었지. 이것을 원죄라고 말하는 것이야.

그리고 그날 이후 사람의 마음속에 두려움, 불안, 초조라는 어둠의 감정들이 뿌리내리게 되었어. 그래서 인간은 너나 할 것 없이 100% 죄인이야.

시현: 할머니, 저는 감옥 갈 죄를 짓지 않았어요. 저는 죄인이 아닌데요. 할머니가 말씀하신 것들은 죄악이 아니라 인간이 소유한 고유한 감정들인데요.

엄마: 시현이 말도 맞는데, 할머니는 윤리적, 도덕적 죄악을 말하는 것이 아니고 사람 마음속에 있는 죄성을 얘기하는 거

야. 하나님은 거룩하신 분이야. 우리가 이런 죄성을 가지고 천국에 갈 수 없어. 죄인인 우리 스스로가 죄를 해결할 수 없기 때문에 이 땅에 예수님이 구세주로 오신 거야. 우리 인간들의 모든 죄악과 고통들을 예수님이 다 지시고 십자가에 달려 피를 흘리며 돌아가신 거야. 우리는 그 피를 보혈의 피라고 해. 그 피값으로 우리의 죄가 사해지고, 우리는 하나님으로부터 구속의 은혜를 받는 거야.

나: 아하-! 하늘에 속한 신령한 복이 바로 이것이네요. 예수 믿고 죄사함 받고 천국 가서 영원히 사는 것.

엄마: 그래, 맞다. 하나님은 사랑이시기 때문에 믿는 자만 사랑하는 것이 아니라, 믿지 않는 자, 죄를 범한 자들도 불쌍히 여기시며 긍휼의 마음으로 사랑하신다. 간혹 사람들이 예정설을 말하면서 잘못 얘기하더라. 천국 갈 사람, 지옥 갈 사람 정해져 있다고.

우리 딸: 미래가 정해져 있다면 애써서 하나님 믿을 필요가 없잖아. 천국 갈 사람은 죄를 지어도 갈 것이고, 지옥 갈 사람은 어차피 지옥 갈 건데 하나님을 왜 믿어!

엄마: 그래서 그렇게 말하면 틀린 거야. 모든 인류는 구원받도록 하나님이 예정해 두었다는 얘기야. 예수를 믿고 안 믿고는 각 개인의 선택에 달린 문제야.

나: 하나님은 우리 인간을 인격체로 존중하셔서 자유의지까지 주셨어. 강제가 아닌 스스로 선택할 자유. 이 또한 사랑의

징표라 할 수 있어.

엄마: 두 강도 중 하나는 회심하여 구원 받았고, 하나는 끝까지 예수님을 조롱하며 죽었잖아. 천국 갈 사람, 지옥 갈 사람이 마지막에 갈렸지. 회심한 강도는 하나님이 주신 은혜에 순종하여 자신의 의지로 선택한 거야.

나: 아버지도 강도도 과거에 믿지 않았던 자신을 돌아보면서 돌이켜 회개하여 예수님의 십자가 보혈을 통해 구원받도록 하나님이 미리 계획하신 것을 고백하는 것이 예정설이네.

엄마: 누나가 말한 것이 이해가 되지? 너희들 모두 언젠가는 하나님이 예정해 두신 축복의 길을 가기 바란다. 나중에 또 천국에서 모두 만나야지.

제부: 장모님, 천국은 죽어서 가는 곳인데 지금 자꾸 천국, 지옥 하니까 기분이 좀 이상하네요.

엄마: 그래- 이제 내 말 다 했다. 벌써 저녁 먹을 시간이네.

시간이 빨리 지나갔다. 여동생 식구들은 곧장 짐을 챙겨 포항 시댁으로 갔고, 둘째 남동생네는 올케 친정으로 갔다. 우리 딸과 남편은 언양 본가로 갔고, 나는 엄마랑 남아 저녁을 먹었다. 장남은 자기 방에 잠깐 있다가 어디론가 사라졌다.

3

엄마는 아파도 엄마다

다시 병원 가다 (2018. 9. 27. 월요일)

오전 9시 엄마는 다시 입원했다. 저번에 있어 보았던 병동이라 낯설지 않았다. 6층 63병동이었다. 이곳도 6인실이지만 좁지 않았다. 이번엔 병실 출입구 쪽 첫 번째 침상을 배정받았고, 나는 가져온 물건들을 정리해 보았다. 엄마도 환자복으로 갈아입고, 손 닿는 곳에 휴대폰과 휴지, 메모지, 볼펜 등을 배치하고는 진짜 환자가 되어 누워 있었다. 전날 밤 12시부터 금식을 시작해 아침도 굶고 왔으니 79세인 노인네가 얼마나 힘들었겠는가.

간호사 2명이 엄마 침대로 왔다. 한 명은 엄마 팔에 먼저 링거를 꽂아주고, 혈압을 체크했고, 다른 한 명은 나에게 수술 전 필요한 검사 몇 가지를 알려 주고 수술 동의서에 사인을 받아 갔다. 당사자인 엄마는 침착했지만, 나는 그러지 못했다. 내가 신앙인이 맞나 싶을 정도로 처한 현실 앞에 불안과 초조감이 몰려왔다.

저녁에 일을 다 마친 남편과 동생네 식구들이 왔다. 엄마를 안심시키고 위로하고자 왔지만, 오히려 엄마는 우리를 챙기셨다. 병원에 오래 머물지 말고 어서 가서 푹 쉬고, 다음 날 해야 할 일들을 충실히 하라고 종용하셨다. 그날도 역시 우리 엄마답게 말씀하셨다. 모두가 돌아간 후 나는 칸막이를 치고, 엄마와 조용히 기도를 했다.

그날 기도 내용을 서로 말하지는 않았지만 비슷한 간구를 하나님께 했을 것 같다. 눈 감고 힘없이 누워 있는 엄마를 보니 마음이 또 울컥해졌다. 어쩌다가 이 지경까지 왔을까. 이 생각 저 생각에 묻혀 있다가 새벽녘에 잠이 들었다.

하나님 지켜 주세요 (2018. 9. 28. 수요일)

"현숙아!" 하고 부르는 소리에 깼다. 얼른 일어나 샤워실에 가서 씻고 온 후 엄마랑 아침 기도를 잠깐 했다. "그날의 모든 일정을 주님께 맡기오니 성령님 인도하여 주세요."라고. 수술시간이 낮 12이다 보니 엄마와 나에게 오전 시간이 참 길게 느껴졌다. 시간이 흘러갈수록 엄마도 나도 긴장감이 더해졌다. 물을 마실 수 없으니 엄마는 입안이 바싹 타들어 간다고 했다. 그래서 생수를 살균 가아제에 듬뿍 적셔서 입에 물려 주었다. 그것으로 마른 입술과 입안이 좀 풀어지자 엄마는 괜찮다는 표정을 지었다.

거의 11시가 되어서야 수술실 담당 간호사와 침대를 밀고 갈 남자 직원의 도우미가 왔다. 엄마 신원을 확인한 후 중앙 수술실을 향해 침대를 밀기 시작했다. 나는 생수와 가아제를 챙겨서 엄마 옆에 딱 붙어서 따라갔다. 표현할 수 없는 긴장감이 내 온몸을 감싸 왔다.

두근거리는 심장으로 가슴에 통증이 왔다. 정신 차리자고 되뇌이며 수술실 앞에 도착했다. 문 앞에서 3분정도 대기 상태로 있었다. 이때 나는 엄마의 입에 새 가아제를 다시 물려 주었다. 엄마는 그것으로 소량의 물을 삼켜 타들어가는 목구멍을 적시고 입술을 축였다. 나는 엄마에게 들숨과 날숨을 크게 하도록 몇 번 시켰다. 엄마는 시키는 대로 호흡을 했다.

엄마: 편해졌다. 걱정하지 말아라.

나는 종이컵 속에 물에 적신 가아제를 두 개 넣어서 엄마 손에 쥐여 주면서 말했다.

나: 엄마, 안에 들어가서 준비하는 동안 쓰면 돼.

수술실 문이 열리고 엄마 이름이 불렸다.

나: 엄마, 하나님께 기도하는 마음으로 수술 받아. 나올 때까지 계속 기도할게. 다 잘될 거야.

침대가 수술실 안으로 미끄러지듯이 들어갔고, 내 눈앞에서 엄마의 모습이 사라졌다. 순간 두 줄기 눈물이 흘러 내렸다. 잘 멈추지가 않았다. 복도 벽에 등을 붙이고 울면서 기도했다. 다른 사람의 이목은 신경도 쓰지 않았다. 사실 내 눈에 아무것도 들어오지 않았다. 시간이 좀 지나자 마음이 안정되었고 해야 할 일들의 순서가 떠올랐다. 먼저 담임 목사님과 엄마가 속해 있던 목장의 목자, 목녀님께 전화를 드렸다. 다음엔 나의 믿음의 동역자 몇 명에게 알렸고, 연이어 남편을 비롯해 나의 형제들에게 그때까지의 상황들을 알려 주었다.

나는 화장실을 몇 번 갔다 오느라 자리를 뜬 거 외에는 엄마가 나올 때까지 수술실 앞에서 계속 기다리며 기도했다. 그런데 기도하고 있음에도 시간이 흘러갈수록 마음이 더 초조해지고 불안해졌다. 늦은 오후가 되자 형제들이 하나둘 수술실 복도에 모였다. 모두가 보호자 대기실에 앉아 있지를 못했다.

드디어 저녁 7시쯤 수술실 문이 열리고 보호자를 부르기에 갔더니 수술을 집도한 의사가 말했다. 수술은 잘되었고 암덩이가 있는 부분을 포함해 대장을 약 15㎝ 정도 잘라냈다고 했다. 수술은 다섯 시간이 걸렸고 회복하는 데 시간이 좀 길었다고 했다. 아무튼 엄마가 마취에서 깨어나 실려 나왔다. 엄마를 보자 우리 모두는 안도의 숨을 쉬었고 엄마가 살아 돌아온 것에 감사했다.

고통 중에 고통이라 (2018. 9. 29.-10. 1.)

엄마는 수술 후 이틀 밤낮을 심한 통증으로 엄청 고생했다. 대부분 암 수술 환자들은 수액줄을 타고 들어가는 둥근 통모양의 진통제를 맞는다. 큰 수술 후 통증을 완화시키는 좋은 약이라 했지만, 엄마는 그 약에 대한 부작용이 심해 쓰지 못했다. 그냥 일반적인 소염 진통제가 처방되었다. 더욱이 개복이 아닌 복강경 수술을 했기 때문에 배에 뚫린 구멍으로 연결된 가느다란 투명 호스에서 피 섞인 분비물도 나왔다. 간호사들이 그 부분을 소독하고 줄을 움직일 때마다 엄마는 엄청 아파하셨다. 나는 그때마다 간담이 서늘해지고 머리가 쭈뼛쭈뼛 섰다.

엄마 옆으로 누워 있는 환자들이 대장암 4명, 위암 1명이었는데, 그중 3명은 완전 회복기에 있었고, 나머지 2명중 한 명은 엄마와 같은 날 수술한 환자였다. 그분은 대장암 3기였고 연세는 75세로 엄마보다 4살 적었다. 그분은 둥근 통모양의 진통제 덕분인지 통증을 거의 느끼지 못했고 편하게 주무셨다. 반면에 엄마는 이틀 동안 일어나지도 못하고 끙끙 앓으며 아픔의 고통과 싸웠다. 나는 그 모습에 안타까움을 넘어 내 온 마음이 참담했다.

반가운 첫 방귀 (2018. 10. 2.-)

수술 후 3일이 지나 나흘째 아침이 되자 엄마가 일어나 화장실을 갈 수 있었다. 물도 좀 마시고 힘을 내어 링거가 달린 스탠드를 끌고 복도를 왔다 갔다 했다. 죽이라도 빨리 배식을 받으려면 가스 배출이 급선무였다. 점심시간이 지나고 다시 운동을 위해서 침대에서 내려오는 순간 약하게 '뿌-웅' 하고 방귀가 나왔다. 나에게는 참 반가운 엄마의 첫 방귀였다.

엄마를 부축해서 6층 복도를 따라 하늘 정원으로 나갔다. 청명한 날씨였다. 건물 옥상 정원에도 가을이 왔다. 붉은 진갈색의 단풍나무가 예쁘게 서 있다. 숲속이 아닐지라도 보는 눈이 즐거웠다. 정원을 몇 바퀴 돌자 엄마가 힘들었는지 들어가자고 해서 병실로 돌아왔다. 침대에 누우신 후 두 번째 가스를 배출했다.

저녁 회진 때 양○○ 교수님이 오셔서 방귀가 나왔는지 제일 먼저 물으셨다. 그렇다고 하자 간호사에게 다음 날 아침부터 죽이 배식되도록 지시했다. 수술 환자에게 있어서 가스배출이 얼마나 중요한 문제인지를 다시 한번 인식하게 된 하루였다. 그날 나는 안도감을 느끼고 간이침대에서 처음으로 편하게 잠을 잤다.

환자마다 다 사연이 있다 (2018. 10. 3.-10. 6.)

입원실은 보기보다 분주한 곳이다. 보호자와 방문객들만 들락 거리는 곳이 아니다. 수술한 환자들도 일주일을 기준으로 상당히 빨리 퇴원한다. 그리고 그 빈 침대는 다음 날 곧장 다른 환자로 채워진다. 엄마와 같은 방에 있던 환자들도 벌써 4명이나 바뀌었다. 그중에서 한 환자가 참 특이하였다. 병실환자 모두 70이 넘은 노인네였지만, 그분만 49세의 예쁘장한 젊은 여자였다. 갓 대학교를 졸업한 딸과 대학생인 아들을 둔 평범한 가정주부였다. 남편도 50대 초반의 건실한 가장이었다. 엄마를 돌보면서 동시에 그분에게 관심이 갔다. 왜냐하면 날마다 방문하는 성직자들이 달랐기 때문이다.

제일 먼저는 수녀님이 오셔서 위로의 기도를 해 주고, 다음 날은 스님이 오셔서 합장 기도로 건강을 기원해 주고, 그다음 날은 목사님과 여전도사님이 오셔서 기도를 해 주셨다. 나는 그 모습이 신기하기도 했고 사연이 궁금하기도 했다.

 '저분이 만약 돌아가신다면 어디로 갈까? 연옥일까? 극락일까? 천국일까?'

 그 환자분의 남편분과 먹을 것을 서로 나누다 보니 낯이 익게 되었다. 그래서 실례를 무릅쓰고 종교와 교파가 다른 성직자들의 방문에 대해서 물어보았다. 그 남편분이 나의 물음에 자세히 대답해 주었다. 5년 전에 아내가 대장암 수술을 서울 S 병원에서 받았고, 다시 재발해서 표적 치료를 포함해 할 수 있는 치료는 다 해 보았지만 방법이 없다고 했다. 그래서 그냥 집 가까운 대학병원으로 왔다고 했다.

 그 환자분은 종교가 카톨릭이고, 친정어머니는 불교신자이고, 시어머니가 크리스천이었다. 꺼져 가는 생명 앞에 본인은 말할 것도 없고 양가 부모님들도 최선의 방법으로 각자 믿는 종교의 힘에 의지했던 것이다. 떠나보내기에는 너무 젊은 딸이자 며느리였으니, 양쪽 부모의 심정이 얼마나 안타까웠을까. 다 듣고 나니 이해가 되었다. 옆에서 보기에도 참 안쓰러웠다. 그 환자분에 대한 사연을 다 들은 다음 날 그분은 호스피스 병동으로 옮겨 갔다. 그분의 친정어머니가 울면서 짐을 챙겨 나가시던 모습에 나도 우리 엄마도 마음이 울적했다.

새 힘 얻어 기도하는 우리 엄마 (2018. 10. 7. 주일)

　비록 죽과 제한된 음식이었지만 엄마가 식사를 조금씩 하면서 몸이 많이 회복되어 갔다. 말수도 조금씩 늘어 갔고, 걷는 양도 많이 늘었다. 그런 엄마의 모습이 나에게도 안도감을 주었다.

　병원에도 크리스천을 위한 예배 장소가 본관 5층 강당에 있다. 주일 예배에 참석하기 위해 성경책을 챙기고 엄마를 모시고 여유 있게 걸어갔다. 가는 길에 우리 외에도 예배를 드리기 위해 가는 환자와 보호자들이 듬성듬성 보였다. 나는 그들을 보면서 '거룩한 걸음을 선택한 사람들'이라 속으로 칭하고, "하나님, 저분들의 아픈 곳을 치료해 주세요."라고 주님께 간구하며 갔다. 예배 참석 인원은 환자, 보호자, 예배 도우미를 합쳐서 대략 40명 정도였다. 교회는 아니지만 함께 예배드리는 곳엔 성령이 임재한다는 것을 느꼈다. 예배드리는 모습들이 참 진지했고, 목사님 말씀에서 듣는 자들의 영혼을 진정으로 사랑하고 있음이 마음으로 전해져 왔다. 짧은 설교였지만 은혜로웠다.

　예배를 마치자 강당의 전등이 절반은 꺼지고 절반은 켜 놓았다.

남아서 기도하기를 원하는 사람들을 위한 배려였다. 엄마와 나는 그대로 앉아서 기도를 좀 더 했다. 먼 자리에서 울음 섞인 기도도 들리고, 주여만 외치는 소리도 들렸다. 우리는 우리의 습관대로 조용히 중얼거리며 기도했다. 시간이 좀 지나고 사방이 조용해졌을 때 나는 기도를 멈추었다. 엄마는 조금 더 기도하셨다. 눈을 뜨신 다음엔 내 배에 손을 얹어 기도를 하셨다. 엄마는 아파도 엄마이고 자식은 늙어도 자식이다.

강당을 나오면서 왜 그렇게 기도를 길게 했냐고 물었다.

엄마: 늘 하던 기도를 했다. 내가 수술 후 비몽사몽 중에 본 환
　　상이 있는데, 그것이 무엇인지 알려 달라고 하나님께 기도
　　했어.
나: 엄마, 대답 들었어?
엄마: 응- 이제 그 의미를 알겠다. 나중에 얘기하자.

나는 궁금했지만 더 이상 묻지 않았고 곧장 병실로 왔다. 병실엔 올케가 와 있었다. 일요일에도 출근이 잦았기 때문에 조금 의외였다.

올케: 형님, 제가 오늘, 내일 달아서 쉬는 날이에요. 오늘 제가
　　병원에서 잘 테니까, 지금 집에 가서 쉬세요. 편하게 주무시

고 내일 오세요.

엄마: 그래라. 네 볼일도 좀 보고 와라.

나: 올케도 좀 쉬어야 되는데. 계속 일하다가 와서 힘들 텐데…

올케: 괜찮아요. 걱정하지 말고 다녀오세요.

나는 빨랫감 몇 개와 부피만 차지하는 물건들을 챙겨서 집으로 왔다. 제일 먼저 침대 온도를 높이고 얼른 잠옷으로 갈아입고 그 대로 누워 잤다.

내 결정대로 해 줘 (2018. 10. 8. 월요일)

남편이 끓인 시래기 된장국을 맛있게 먹고 같이 병원으로 왔다. 그때까지 아직 아침회진이 없었다. 담당 의사가 오전에 간단한 수술이 있어서 좀 늦는다고 간호사가 알려 주었다. 남편이 엄마에게 이것저것 물어 가며 얘기하는 동안, 나는 올케랑 커피를 마시면서 쉬었다. 거의 정오가 다 되었을 때 의사 선생님이 오셨다.

의사 쌤: 불편한 데 없으신가요?

엄마: 많이 좋아졌어요. 감사합니다.

의사 쌤: 수술 후 예후는 좋아요. 모레 아침에 퇴원을 하시고, 2 주 뒤에 내원하세요. 예약을 간호사가 잡아줄 겁니다. 그리

고 항암치료 담당 선생님이 오시면 그것도 의논해 보시고 결정하세요. 나중에 뵙겠습니다.

엄마: 예.

이렇게 대화는 끝이 나고 의사도 가 버렸다. 남편과 나는 엄마에게 항암치료를 받자고 설득조로 얘기하고 또 얘기했지만 엄마는 완강히 거절했다.

엄마: 내 몸은 내가 안다. 배 아픈 고통 때문에 수술은 했지만, 항암치료로 내 남은 시간을 아프게 보내고 싶지 않다. 살 만큼 살았다.

오후 3시쯤에는 항암치료 담당 의사 백○○ 교수가 왔다. 먼저 우리에게 어떻게 할 거냐고 물었다. 그리고는 엄마에게 물었다. 엄마의 대답은 똑같았다. 당신의 결정대로 하겠다고 했다. 더 이상 나도, 남편도, 올케도 항암치료 얘기는 하지 않았고, 엄마의 의견에 순종하기로 했다.

주님께서 이 옷들을 치워 주세요 (2018. 10. 9. 화요일)

점심을 먹기 위해서 엄마 침대를 세우고, 허리에 베개를 하나

더 받쳐서 편하게 자리를 잡아 주고 식판을 폈다. 이때 나의 절친 김송미 권사가 웃으면서 병실에 들어왔다.

송미: 어머니, 제가 시간 맞춰서 왔지예. 아직 죽이 뜨끈하네예.
　　이것 좀 드셔 보이소.
엄마: 힘들게 뭐 하러 해 와. 그냥 오지.
송미: 현숙아, 니도 같이 먹어라. 배 아픈 거는 좀 괜찮나.

직장 다니는 친구인지라, 한글날의 공휴일은 본인에게 황금 같은 휴일일 텐데 쉬지도 못하고 죽을 끓여 온 그 정성에 감탄하였다. 이른 아침부터 얼마나 분주하게 설쳤을까 생각하니 마음 또한 찡했다. 엄마는 어느 때보다도 맛있게 드셨고, 친구는 그런 엄마의 모습을 흐뭇한 표정으로 보았다. 나 또한 맛있게 잘 먹었다. 우리 셋 사이에 고맙고 감사한 마음이 이심전심으로 전해진 순간이었다.

식후 우리는 엄마의 운동량을 채워 주려는 목적으로 산부인과 병동 3층 복도에 연결된 정원으로 나갔다. 그곳은 6층 하늘정원보다 더 정교하고 깔끔하게 정비된 정원이었다. 통로를 제외하고 정원 바닥 전체에 천연잔디가 깔려 있어서 시야가 편하고 뻥 뚫린 기분이 들었다. 게다가 환자도 보호자도 거의 없어서 조용했다. 가장 편한 벤치에 앉아 가을 햇살과 바람을 쐬니 마음이 평온해졌다. 감사기도가 저절로 흘러나왔다. 엄마가 날숨과 들숨을 크게 한 번씩 하시더니 나와 친구에게 얘기를 하기 시작했다.

엄마: 내가 수술 후 이틀 동안 비몽사몽 중에 본 것을 얘기해 볼 게. 아주 큰 교회 안이야. 목사님이 설교하시는 강대상에는 흰색의 큰 의자가 놓여 있는데, 아무도 앉아 있지 않고 환한 빛만 뿜어 나왔어. 빛나는 흰색의 큰 의자였어. 그 의자를 중심으로 강대상 아래 양쪽 벽에 머리에서부터 발끝까지 흰색의 긴 가운을 입은 물체들이 서 있었어. 그 형상은 사람 모양과 비슷했지만 정확히는 모르겠다. 얼굴도 몸도 다 가려져 있었으니까. 그런데 약하지만 하얀 빛이 나오고 있었어. 그리고 강대상 바로 아래에 긴 의자 하나가 비어 있었는데 그것 또한 흰색이고 약한 빛이 나오고 있었지. 그다음 서너 줄의 긴 의자에 새 하얀 옷을 입은 사람들이, 그다음 열줄 정도의 긴 의자에는 잿빛 나는 누런 옷을 입은 사람들이, 그다음 나머지 모든 의자에는 검은색 옷을 입은 사람들이 쭉 앉아 있었어. 주일 예배 시간에 목사님이 설교하시기 직전 성도들이 의자를 다 채우고 고요히 앉아 있는 모습과 같았어.

나는 사람들의 모습도 선명히 보았고 그 분위기도 실제처럼 느끼고 있었어. 조금 시간이 지나자 모양과 색깔이 다른 옷들이 하나하나 나에게 몰려왔어. 내가 손을 휘저으며 막아 내려고 애를 썼지만 소용이 없었어. 끝없이 밀려오는 옷들에 질식할 것 같아서 그때 소리쳤어. "예수님, 제 힘으로는 이 옷들을 치울 수 없어요. 주님께서 다 치워 주세요."라고. 그러자 옷들이 하나둘씩 사라지더니 싹 없어졌지. 다시 교회 안의 모습이 선명히 보이더니 곧 모든 것이 내 눈에서 사라졌어. 그것이 꿈이었는지, 환상이었는지 정확히 모르겠다. 그때 내가 수술한 직후 진통제도 없이 고통을 참아내느라 정신이 좀 혼미하기는 했어.

송미: 어머니, 그 환상이 영적으로 어떤 뜻인지 궁금하네예.

나: 송미야, 나도 궁금해서 주일날 엄마한테 물었는데, 이제야 같이 듣게 되네.

엄마: 내가 본 게 무엇을 뜻하는지 알려 달라고 하나님께 기도했어. 그랬더니 성령 하나님께서 분명히 깨닫게 하셨어.

나: 엄마, 여기 앉아 있는 게 힘들면 병실로 갈까요.

엄마: 괜찮아. 겉옷을 입어서 춥지도 않고 햇살이 있어서 좋다.

이때 친구가 자기 가방에서 간절기용 패딩 잠바를 꺼내서, 그 패딩으로 가방을 둘둘 말아 감싸 베개처럼 만들었다. 그것을 엄마 허리에 갖다 대고 편하게 앉으라고 권했다. 생각도 깊고 마음 씀씀이도 천사표인 송미 권사가 나는 정말 좋다.

엄마가 다시 천천히 말씀하셨다.

엄마: 예수 믿고 구속의 은혜를 받은 성도들이 모여 예배드리는 곳이 교회잖아. 그 교회 안의 성도들을 크게 세 부류로 나누어서 영적 상태를 보여 주신 것 같다. 이사야 61장 10절에 보면 하나님이 우리에게 구원의 옷과 공의의 겉옷을 입히신다는 말씀이 있어.

송미: 구원의 옷과 공의의 겉옷이 다른가요?

엄마: 예수를 주라 시인하여 믿는 자들은 다 구원을 받아. 하나님의 은혜로 거저 받는 것이야. 이것이 구원의 옷이야. 반면에 공의의 겉옷이란 구원받은 이후 옳은 행위로 입혀지는 옷을 말하는 거지.

나: 엄마가 본 새 하얀 옷을 입은 사람들은 구원의 옷과 공의의 겉옷을 입은 성도들이라는 것이네.

엄마: 맞아. 요한계시록 19장 8절 말씀이야. [그에게 빛나고 깨끗한 세마포 옷을 입도록 허락하셨으니 이 세마포 옷은 성도들의 옳은 행실이로다.]

    잿빛 나는 누런 옷을 입은 사람들은 구원의 옷은 입었지만, 그들의 행실이 아직 성령의 열매를 맺지 못한 자들이야.

송미: 성령의 열매는 아홉 가지나 돼요. [사랑, 희락, 화평, 오래참음, 자비, 양선, 충성, 온유, 절제] 갈라디아서 5장 22절

나: 그럼 나도 누런 옷을 입은 성도에 속해. 나의 행실이 아직 성령의 열매를 다 맺지 못했어.

송미: 나도 마찬가지다. 어쩌면 좋노.

엄마: 검은 옷을 입은 사람들은 하나님의 은혜로 구원은 받았지만, 속사람이 변화되지 못하고 여전히 육적인 일에 매여 있는 사람들이야. 교회는 다니지만 성령을 거스르고 죄를 끊지 못하는 자들이야.

나: 엄마 눈앞에 밀려온 다양한 옷들은 뭐야.

엄마: 검은 옷을 입고 앉아 있는 그들의 속사람의 옷이야.

[다툼, 시기, 분냄. 당 짓는 것, 비방, 수군거림, 거만함, 오만함, 미움, 교만, 거짓말, 음행, 호색, 우상숭배, 분쟁, 술 취함, 도박, 방탕함, 중독, 자랑, 탐심] 같은 것들을 상징하는 옷들이야. 보이지 않는 사람의 마음속에 이렇게 죄악이 가득 들어 있어. 그것을 하나님이 나에게 여러 모양과 색깔의 옷들로 형상화해서 보여 준 거야. 검은 옷을 입은 사람들의 특징은 겉치레와 위선으로 치장하기 때문에 분별하기도 쉽지 않아. 이들은 [하나님의 나라를 유업으로 받지 못할 것이요]라고 갈라디아서 5장 21절 후반에 말씀이 있어.

송미: [나더러 주여 주여 하는 자마다 다 천국에 들어갈 것이 아니요 다만 하늘에 계신 내 아버지의 뜻대로 행하는 자라야 들어가리라] 마태복음 7장 21절

나: 주여 주여를 부른다는 것은 믿는 자들이겠지. 안 믿는 자들이 주여 주여 하면서 기도하지는 않을 것이고.

송미: 어머니, 고맙습니다. 공의의 겉옷이 뭔지를 오늘 처음 배웠네예. 부끄럽지만 제가 아직도 세상의 옷들을 많이 입고

있네예. 남은 인생 옳은 행위로 의의 겉옷이 입혀지기를 힘쓰고 노력하겠습니다. 어머니, 건강 회복하시고 오래오래 사세요.

우리는 병실로 돌아왔다. 친구가 끓여 온 녹두죽을 전자레인지에 데워서 셋이 나누어 먹었다. 그것으로 저녁 식사는 충분했고 친구는 빈 통만 들고 집으로 갔다.

4

함께하는 일상이 행복이어라

퇴원 후 4주간의 다이어리 (2018. 10. 11.-11. 10.)

10일 날 퇴원해서 집에 온 후, 반복되는 일상이 시작되었다. 나는 매일 아침 8시 30분에 엄마 집에 갔다. 아침은 죽. 점심 저녁은 밥과 국, 반찬 2개. 남이 보기에는 참 쉽고 간단한 식단이었지만, 엄마와 나에겐 굉장히 힘든 하루 세끼였다. 엄마는 입맛이 없어 제대로 먹지를 못하고 그나마 먹은 것은 설사를 자주 했다. 그때마다 진하게 끓인 보리차 외에는 방법이 없었다. 매끼 식사가 끝나면 엄마는 거실과 베란다를 몇 번 왔다 갔다 하다가 방에 들어가 침대에 누우셨다. 잠을 자거나 스마트폰으로 성경을 듣기도 하고, 좋아하는 목사님의 설교를 듣기도 하고 간혹 누운 채로 기도도 하시곤 했다. 그동안 나는 설거지하고, 새로운 죽 끓이고, 국 끓이고, 반찬 만들고, 빨래 걷어 정리하고 나면 집에 갈 시간이 되었다. 저녁 8시가 되면 어서 집에 가라고 엄마는 재촉했지만 나는 9시 30분에 우리 집으로 왔다. 얼른 씻고는 한 시간 이상 요리책을 뒤적거리거나 유튜브를 통해 요리법을 보고 재료와 레시피를 간단히 메모하곤 했다.

거의 모든 요리가 내가 태어나서 처음 해 보는 것들이었다. 암 환자가 먹을 음식을 한다는 것이 쉬운 일이 아니었다. 게다가 나는 50대 중반까지 김치는 물론이고 대부분의 밑반찬들도 엄마가 거의 해 주었다. 반찬이 떨어지면 남편이 시레기 된장국을 끓이고 오뎅을 볶아서 그냥 먹었다. 나는 생선을 굽고, 가끔 돼지고기를 절여서 볶아 주었다. 어찌 보면 내가 포시랍고 편한 팔자의 여편네처럼 보일 수도 있었겠지만 실상은 그렇지 않았다. 일을 하느라 늘 바빴고, 겉은 멀쩡해 보여도 속은 종합병원이다. 그러니 가까이 사는 부모가 하나에서 열까지 다 챙겨 주었다. 상황이 바뀌어 엄마의 음식을 준비하고 요리하는 것이 힘들었다. 어쨌든 엄마가 잘 먹어야 회복이 된다는 생각에 최선을 다해 음식을 만들었다. 그 음식들은 속병이 있는 나도 먹기가 편해서 엄마랑 하루 세끼를 같이 먹었다. 그래도 남는 죽과 국은 집에 가져와서 다음 날 남편과 딸이 아침으로 먹었다. 맛은 없었지만 정성이 들어간 음식이라 여기고 군말 없이 잘 먹었다. 남편은 필요한 재료들을 잘 챙겨서 사다 주었고, 딸도 나름대로 집안일을 도와주려고 애를 썼다. 엄마의 퇴원 후 약 4주간을 이렇게 다람쥐 쳇바퀴 돌듯 하루하루 지나갔다.

회복되어진 일상들 (2018. 11. 11.-11. 30.)

수술 후 한 달이 지나자 엄마는 어느 정도 원기를 회복하였다. 음식이 들어가면 배가 아프고, 묽은 변이 하루 두 번 나왔지만 그래도 살 만하다고 하셨다. 내가 아침에 오기 전에 혼자서 밥도 챙겨 드시고, 그릇도 닦아 놓고, 세탁기까지 돌려놓고 성경을 읽고 계셨다. 이런 모습의 엄마를 볼 때마다 회복되어진 일상이 천만다행이라는 안도감도 들었지만, 내 마음 한쪽은 아프고 아려 왔다. 왜냐하면 시대의 격동기를 온몸으로 부딪히며 살아온 엄마는 고단한 세월을 초인적인 의지로 이겨 냈고, 그 힘으로 대수술을 받은 노인네가 삶 속에서 또 하나의 파도와 싸우고 있기 때문이다. 엄마는 자식들의 일상에 짐이 되거나 폐가 되지 않으려고 말을 아꼈다. 그 덕분에 우리 형제들은 각자의 생활터전에서 흔들림 없이 일을 할 수 있었다. 엄마의 사랑과 헌신은 위대할 뿐이다.

걷기가 아주 편해졌다 (2018. 12. 4.)

12월 4일 엄마를 모시고 오전 일찍 병원에 갔다. 제일 먼저 pet CT 촬영을 했고, 다음엔 피 검사를 위해 임상학과에 들렀다. 검사 결과를 들으려면 3시간을 기다려야 해서 집에 와서 점심을 먹고, 다시 병원으로 갔다. 의사 선생님이 사진을 보시면서 설명을 했다.

의사 쌤: 신기하게도 방광과 골반에 있던 암세포가 아주 작아졌어요.

엄마: 어쩐지 요즘 소변보기가 편해졌어요. 뒷다리가 땡기고 아프던 것도 없어지고요. 배는 아직 좀 아프네요.

의사 쌤: 약을 좀 바꾸어 드릴게요. 배가 심하게 아프시면 언제든지 병원에 오세요. 식사도 잘하시고 운동도 꾸준히 하세요.

엄마: 예-

의사 쌤: 다음에 또 뵙겠습니다.

진료는 이렇게 끝나고 엄마와 나는 암이 나으리라는 희망을 안고 집으로 왔다.

하나님을 더욱 알아가는 삶이 최고봉 (2018. 12. 25. 성탄절)

오전에 성탄 예배를 드리고 엄마 집에 갔다. 그 시간 엄마는 부엌 식탁에 앉아서 성경을 읽고 계셨다. 마태복음 속에 있는 천국에 관한 예수님의 일곱 가지 비유가 있는 부분이었다. 그것은 씨 뿌리는 자, 곡식과 가라지, 겨자씨, 누룩, 감추인 보물, 진주, 그물이다. 나도 식탁에 엄마랑 마주 앉았다. 그리고 평소 궁금했지만 그냥 지나왔던 것을 그날 엄마랑 대화하면서 풀어 갔다.

나: 엄마, 나는 이 부분을 읽을 때마다 궁금했어요. 천국은 영의 세계잖아. 즉 보이지 않는 세계잖아. 그런데 예수님은 천국의 비밀을 알려 주마 하면서 다르게 말씀하시는 것 같아요. 천국의 모양, 크기, 색깔, 구조 등을 설명해 주시는 것이 아니고, 살아 있는 사람들의 일상생활을 말하는 것 같아. 물론 비유라 하지만. 하늘 위에 존재하는 천국 설명이 아닌 것 같아요.

엄마: 나도 한때는 그렇게 생각했지. 천국의 모습은 계시록에 잘 나와 있으니 읽고 그대로 믿으면 돼. 마태복음 13장을 같이 보자. 첫째 비유를 네가 정리해 봐.

한 농부가 씨를 뿌렸다. 그 씨들 중 어떤 것들은 길가에 떨어져 새들이 다 주워 먹었다. 또 어떤 것들은 돌밭에 떨어져 뿌리를 깊게 내리지 못했다. 또 더러는 가시떨기 위에 떨어져 가시기운에 막혀 죽고 말았다. 하지만 좋은 땅에 뿌려진 씨앗들은 100배, 60배, 30배의 수확을 거뒀다.

나: 여기서 씨앗은 하나님의 말씀이라고 예수님이 설명하셨어.

엄마: 그렇지. 같은 말씀을 들어도 모두가 깨닫고 순종하지는 않아. 마음 중심에 예수님은 없고, 자기가 왕이 되어 살아가는 기독교인이 더 많아. 그래서 예수님은 다시 둘째 비유 곡식과 가라지로 설명하시는 거야.

나: 결국 이것도 천국 설명은 아니네.

엄마: 겨자씨 얘기도 정리해 봐.

한 남자가 아주 작은 겨자씨를 심었다. 그 씨앗은 마치 아주 작은 티끌 같았다. 그러나 그 씨앗이 자라 큰 나무가 되었다. 그것은 점점 더 커져서 새가 그 나무에 둥지를 틀 정도가 되었다.

마태복음 13장 33절 누룩의 비유 [또 비유로 말씀하시되 천국은 마치 여자가 가루 서말 속에 갖다 넣어 전부 부풀게 한 누룩과 같으니라]

엄마: 이 두 비유는 하나님 나라도 이와 같이 점점 자랄 것이라고 예수님이 말씀하시는 거야.

나: 그런데 이것도 내가 생각하고 있는 천국은 아니네요.

엄마: 이 땅에서 복음 전파로 하나님 백성이 확장되고, 하나님의 통치가 이루어지는 것을 의미하겠지.

나: 그러면 땅에 묻힌 보화와 진주의 비유는 뭘까요?

엄마: 보석은 비싸고 소중해서 아무 데나 두지 않잖아. 분실되거나 도둑맞지 않도록 잘 보관하잖아. 마찬가지로 하나님 말씀은 그 어떤 것보다도 가치가 있다는 것을 예수님이 설명한 것이야.

나: 그래도 천국 설명은 아닌데-

엄마: 너는 자꾸 하늘 위에 존재하는 천국만 생각해서 그래. 예수님은 이 땅에 오셔서 하늘나라에 대한 많은 얘기를 하셨

어. 또 천국 백성이 되기 위해서 이 땅에서 어떻게 살아야 하는지도 말씀하셨고.

엄마: 백악관이나 청와대는 아무나 들어갈 수 있니?

나: 아니, 대통령이 초대한 사람들이겠지. 국가가 필요로 하는 자질과 능력을 갖춘 다양한 계층의 특별한 신분의 사람들, 그리고 친인척들이겠지요.

엄마: 천국도 아무나 못 가. 이 땅에서 하나님의 백성으로 신분이 바뀐 자들이 가는 거야. 그 신분에 맞게 삶도 달라져야 해. 예수님이 우리 삶의 왕이심을 인정하고, 하나님을 더욱 알아가는 삶이 되어야 해.

나: 성경말씀을 통하여 하나님을 더욱 알아가야겠네. 그것이 이 땅에서 하나님 나라 성도로 사는 바른길이 되겠지요.

엄마: 나에게 있어서 작은 겨자씨는 너고, 소원이는 너의 겨자씨야.

나: 그래요? 우리 가정도 하나님 나라가 확장되어 가고 있다는 얘기군요. 할렐루야-

엄마는 대장암 4기를 수술한 암 환자이다. 더구나 79세의 아주 평범한 할머니이다. 자신의 몸을 위해 먹고, 자고, 쉬고, 걷기만 해도 힘든 하루해가 지나간다. 그러나 엄마는 손에서 성경을 놓지 않으신다. 말씀을 묵상하고 기도하고 성령님의 도우심으로 깨달은 것들을 꼭 나에게 말씀하신다. 엄마의 말들이 신학적으로 맞다

안 맞다를 논할 가치가 전혀 없다. 왜냐하면 성령 하나님이 엄마의 눈높이에 맞게 깨우쳐 주시는 말씀이기에 나는 그대로 받아들여 왔다. 그것들이 나의 신앙의 기초를 형성하였고, 내 믿음을 키워 가는 자양분이 되었다. 따라서 이 세상에서 나의 최고의 믿음의 본보기는 우리 엄마이다. 유명한 목사도 뛰어난 신학자도 능력이 출중한 부흥강사도 아니다. 내가 나이 들어 믿음의 눈으로 보니 엄마는 내게 있어 최고의 스승이다.

빼어난 손재주가 쉼 없이 일하게 만든다 (2019. 2. 16.)

3박 4일 오산리 기도원에 있었다. 지난밤 늦게 집에 도착해서 거의 정오가 될 때까지 늦잠을 잤다. 잠결에 "일어나서 밥 먹어라." 하는 엄마 목소리에 잠을 깼다.

나: 엄마, 언제 왔어요.
엄마: 한 2시간 됐어.
나: 그때 깨우지 왜 그냥 있었어.
엄마: 코를 골면서 곤하게 자길래 안 깨웠지.

일어나 거실에 나와 보니, 여기저기 널브러져 있던 빨랫감과 물건들이 깨끗이 정리되어 있었다. 식탁도 깨끗이 치워져 있고, 베란다 건조대에 널려 있던 수건들도 다 걷어 개어 놓았다. 게다가 개어진 수건 옆에 베갯잇 3개와 갈색의 털실로 짠 둥근 모자가 있었다. 내가 기도원에 가 있는 동안 엄마가 만든 것이다.

엄마: 파란색이 김 서방 꺼다.

나: 살구색 하나는 내 꺼, 나머지는 소원이 꺼네.

나: 전에 만들어 준 베갯잇도 아직 멀쩡하게 있는데 엄마는 왜 사서 고생을 해요.

엄마: 베갯잇 만드는 데 10분밖에 안 걸려. 자르고 재봉틀에 박 기만 하면 돼. 모자도 반나절만 짜면 되고. 하나도 힘든 것 없다.

나: 아직 수술한 부위도 아프고, 힘들 텐데.

엄마: 이 정도 아픈 거는 괜찮다. 집안일하는 데는 아무 지장 없다.

엄마의 손재주와 부지런함이 손에서 일을 떼지 못하고 있다. 평생을 자식들 뒷바라지하며 챙겨 왔는데, 노년에 큰 병을 얻고도 전에 하던 대로 자식들을 위해 애쓰고 수고를 한다. 말려도 안 된다. 얼마 전까지만 해도 조건 없이 받는 그 사랑이 한없이 고맙고 기쁘기만 했다. 하지만 지금은 그 사랑이 가엽고 아련한 아픔까지 가슴에서 올라온다. 엄마는 내가 기도원을 왜 갔는지 이미 꿰뚫고 있다. 그래서 무슨 기도를 얼마나 하고 왔는지 묻지도 않았다. 무사히 갔다 온 것을 보고 안심하는 듯했다.

5

생의 마지막 순간들 누리기

부산 막내딸 집 다녀오다 (2018. 3. 18.)

큰 추위도 다 지나가고 노란 개나리가 동네 구석구석 활짝 피었다. 새 봄이 왔다. 엄마에게도 새 힘이 솟아 암이 완치되기를 간절히 기도하면서 엄마 집으로 올라갔다. 며칠 전 엄마가 부산에 사는 여동생 집에 한 번 갔다 오고 싶다고 했다.

그 여동생은 맞벌이 부부라서 늘 바쁘다. 명절이나 휴가 때 빼고는 울산에 오기가 힘들다. 그래서 엄마는 막내딸에 대한 안타까움을 한 번씩 내뱉곤 했다. "옆에 살면 반찬이라도 자주 해 줄 수 있어서 덜 힘들 텐데."

나는 그 여동생과 통화를 했다. 엄마의 의중도 알리고, 날짜도 맞추고 가장 편하게 엄마를 데려갈 방법도 의논했다. 결국은 제부가 오늘 아침 일찍 엄마 집으로 태우러 왔다. 엄마가 아침을 먹은 후 잠깐 쉬었다가 우리는 곧장 부산으로 출발했다.

아산로 진입로에서 시작된 활짝 핀 노란 개나리 담장, 붉은 동백꽃, 새싹이 돋아난 이름 모를 나무들, 반초록 반갈색의 풀들이 부산으로 가는 길목마다 이어져 있었다. 그것들이 우리의 마음과 눈을 즐겁게 해 주었다. 제부는 엄마와 나를 부산 해운대 신세계 백화점 정문에 내려 주고 자기 집으로 갔다.

엄마와 나는 그 백화점 내에 있는 사우나로 갔다. 물도 좋고 시설이 상당히 좋아서 인기가 있는 곳이다. 전에 한 번 와본 곳이라 낯설지 않아서 좋았다. 우리는 소금방에서 잠깐 땀을 뺀 뒤 목욕탕에서 열탕과 온탕을 오가며 몸을 풀었다. 좀 답답해지자 우리는 노천탕에 가서 발만 담그고 바깥공기를 쐬며 쉬었다. 그때 엄마와 나 사이에 별 대화는 없었지만 서로의 감정이 어떠한지가 전해졌다. 나는 엄마가 살아 있는 동안 좀 더 좋은 것들을 누리기를 원했고, 엄마는 나의 그런 마음을 눈치채고 부모로서 자긍심을 느끼는 것 같았다. 모녀지간에 말없이 오고가는 정이 어떤 느낌인지를 그날 나는 확실히 알았다.

사우나를 끝내고 우리는 백화점 식료품 코너에서 과일을 샀다. 이후 정문으로 나가니, 제부의 차가 와 있었다. 우리는 동생 집으로 갔다. 여동생이 점심을 준비해 놓았다. 엄마가 먹기 편한 음식들로 차려져 있었다. 우리 모두는 이런저런 얘기를 나누며 밥을 먹고 차를 마셨다. 제부가 엄마한테 말했다.

제부: 장모님, 다음 달에도 또 오세요. 온천도 하시고, 부산 구
경도 하시구요

엄마는 엷은 미소를 지으면서 조용히 말했다.

엄마: 다시 오기는 힘들지. 언제 또 오겠나?

엄마의 짧은 대답이 이제는 마지막이라고 말하는 것 같았다. 내
마음속에 불안의 파도가 일기 시작했다. 엄마가 말하는 것을 듣노
라면 하나씩 주변의 삶들을 정리하는 듯한 뉘앙스가 느껴졌다. 남
아 있는 생명의 시간이 언제까지인지를 본인만 감지하고 있는 듯
했다.

거실 창문을 통해 해운대 먼 바다 끝에서 석양으로 노을이 진
모습이 아름답게 보였다. 우리는 잠시 감상을 하고는 동생 집을
나섰다.

동생네가 한 번씩 먹으러 간다는 맛있는 추어탕을 파는 식당에
갔다. 깔끔한 밑반찬과 추어탕을 정말 잘 먹고, 울산으로 출발하
기 위해서 우리 네 명은 차에 탔다.

어둠이 깔리기 시작했다. 제부는 우리를 태워 해운대 야경을 보
여 주느라 천천히 차를 몰았고, 옆에 앉은 여동생은 엄마와 나를
위해서 건물의 이름과 도시에 있었던 큰 행사들을 설명했다.

어둠이 더 짙어지자 낮에 보았던 도시속의 낡은 건물과 복잡함

이 가려진다. 화려한 네온사인과 LED 조명으로 인해 도시가 전혀 다른 모습으로 보였다. 엄마는 아마도 이런 도시의 야경을 처음 보았을 것이다. 그동안 사는 게 바빠서 구경 다닐 여유도 없었고, 자식들 눈에 우리 엄마는 나다니는 것을 싫어하는 사람으로 인식되어 있었다. 자식들이 외식이나 여행을 가자고 권하면 늘 거절해 왔다. 시간 낭비, 돈 낭비, 체력 낭비라 하면서 집안일만 묵묵히 해왔다. 우리는 엄마가 원래 그런 사람이구나, 생각하면서 어느 순간 더 이상 권하지 않았고, 우리끼리만 신나게 놀러 다녔다.

그런데 해운대 야경을 보고 광안대교를 지나면서 엄마의 표정과 눈빛을 보았을 때, 나는 마음이 '퍽' 깨지는 기분이었다. 왜냐하면 피곤한 기색 없이 도시의 야경을 즐기는 모습이 여행을 좋아하는 나의 모습과 다르지 않았기 때문이었다. 그동안 우리 형제들이 엄마를 진정으로 이해하고 사랑하지 못했구나 하는 자책감이 몰려왔다. 그때 내 가슴이 미안함으로 가득 찼다.

차가 온산산업단지를 지나 아산로 해안길로 들어서자 울산 특유의 야경이 펼쳐졌다. 미포조선에 정박해 있는 각종 선박에서 나오는 불빛들, 수출을 기다리는 수많은 자동차들, 바다를 끼고 건너편에 있는 석유화학단지에서 나오는 불빛 등으로 도시 못지않게 멋진 야경을 연출했다. 엄마는 이 모습 또한 흥미롭게 지켜보았다. 제부도 한마디 했다. 울산 올 때마다 보는 광경이지만 매번 놀랍다고 했다.

무사히 엄마 집에 도착했다. 엄마는 제부에게 수고했다고 말하면서 흰 봉투를 건넨다. 제부는 한사코 받는 걸 거절했다. 엄마는 여동생에게 다시 주며, "가다가 차 기름 넣고, 애들 좋아하는 통닭 사 줘라."고 했다. 얼른 가라고 했다.

엄마와 내가 조심해서 가라고 거듭 말하자, 제부는 차를 돌려 부산으로 향했다.

나는 엄마가 엘리베이터를 타고 올라가는 것을 지켜보다가 집으로 돌아왔다. 그날 밤 나는 나의 아둔함과 못난 자식으로 살아온 것을 한탄했다. 이제야 엄마를 제대로 이해하기 시작했는데 세월이 다 지나갔다. 한숨 섞인 탄식이 저절로 흘러나왔다. 지나간 시간을 되돌릴 수 없으니, 앞으로 남은 시간을 엄마와 어떻게 보내야 후회를 덜 하게 될까 생각하고 또 생각했다. 그리고는 잠자기 직전 하나님께 기도했다.

나: 살아 계신 하나님 아버지! 제 고민을 주님께 맡깁니다. 엄마와 잘 동행할 수 있는 지혜를 날마다 채워 주세요. 예수님 이름으로 기도합니다, 아멘.

벚꽃 보며 인생을 말하다 (2019. 4. 3.)

점심시간이 되었을 때 엄마가 우리 집에 내려왔다.

같이 밥을 조금 먹고 벚꽃구경을 나갔다. 우리 아파트를 나서면 큰 도로가 곧장 연결된다. 그 도로 양쪽에는 벚꽃나무가 끝없이 줄지어 서 있다. 활짝 핀 벚꽃으로 도로 주변의 온 세상이 화사하게 더 밝아 보였다. 엄마와 나는 큰 도로 신호등이 녹색으로 바뀌기를 기다리면서 왼쪽 오른쪽 번갈아 가며 만개한 벚꽃을 감상했다. 신호가 바뀌자 우리는 과학대 후문을 통하여 대학 교정을 천천히 걸었다. 싱싱한 벚꽃이 뭉개뭉개 피어 있는 나무들이 얼마나 많은지 꼭 신천지에 온 기분이었다. 대학 교정에는 벚꽃뿐만 아니라, 막 피기 시작한 진달래, 초록 줄기 속에 반쯤 붙어 있는 노란 개나리, 그늘진 곳에서 늦게 피어난 목련화, 하얀 장미 조팝 등이 있었다. 봄을 알려 주는 대표 꽃들을 한 장소에서 다 보았다.

그때 나는 엄마에게 힘들면 조금 앉아 있다가 내려가자고 했다. 엄마는 괜찮다고 하면서 미포구장까지 천천히 가 보자고 했다. 그래서 우리는 청운 체육관을 지나 진짜 벚꽃 산책로를 걸었다. 이 길은 너무나 아름다운 길이다. 그 길 초반부에는 우람한 벚꽃나무의 화려함이 눈길을 사로잡았고, 대나무 숲에서 바람을 타고 나오는 댓잎 사각거리는 소리가 마음을 시원하게 해 주었다.

걸어갈수록 경관이 더 아름답게 펼쳐졌다. 산책로 양쪽 숲에는 다양한 나무들이 푸르름을 더해 갔고, 연초록의 풀들이 쑥쑥 올라오고 있었다. 새들 또한 이 나무 저 나무 옮겨 가며 즐겁게 지저귀었다. 햇살을 받은 벚꽃들은 하얗게 반사되어 산책로를 환하게 밝혀 주었다. 그야말로 천지에 새 생명이 꿈틀거리는 봄이었다.

엄마와 나는 온몸으로 자연의 경이로움을 느끼며 힘들지 않게 미포구장에 도착했다. 천연의 초록 잔디 축구장 두 개가 눈앞에 뻥 뚫려 있었다, 시야가 시원했다. 붉은 갈색의 트랙이 있는 구장에서는 사람들이 운동하느라 힘차게 걷고 있었다. 반면 트랙이 없는 구장에는 사람들이 없어서 엄마와 내가 얘기하면서 쉬기에 딱 좋았다. 중앙에 천막지붕이 있는 나무계단에 앉았다. 넓은 초록의 잔디 구장이 눈과 마음을 편안하게 해 주었다. 멀리 정면으로 보이는 두 개의 원두막과 사방으로 둘러쳐진 나무와 꽃들이 보기에 참 좋았다. 구름이 적당하게 퍼져 있는 하늘도 맑고 깨끗했다.

엄마가 한숨을 돌린 후 천천히 말했다.

엄마: 찌질한 인생 지금까지 살아온 것이 기적이다.

나: 엄마, 그게 무슨 소리야?

엄마: 벚꽃은 화려하게 피었다가 꽃잎마저 화려하게 지네. 내 젊은 날은 참 초라한 인생이었어. 배운 게 없어서 무식했고, 아파서 없는 돈 다 날려 궁핍하게 살았고, 별난 네 아버지 때문에 마음 편한 날이 없었지.

나: 그런데 어떻게 그렇게 짜증 한 번 내지 않고 우리를 다 키웠어요?

엄마: 자식 4명이 모두 순하게 컸어. 그러니 소리 지를 일도 때일 일도 없었어. 모두 고집은 있었지만 그래도 순하고 착하게 컸어.

나: 아버지는 내가 고집이 세서 키우기 힘들었다고 했는데…

엄마: 네가 아버지와 제일 많이 닮아서 둘이 부딪혀서 그랬지.

나: 나도 어릴 적 경험 중에 좋은 일, 안 좋은 일 몇 장면이 아직도 기억에 생생히 남아 있어요. 동생들은 더 어렸으니 아마 기억도 못 할 것 같아요.

엄마: 내 추하고 볼품없는 인생이 주님을 만나서 조금씩 변했어. 욥기 10장 12절에, [생명과 은혜를 내게 주시고 나를 보살피심으로 내 영을 지키셨나이다]라는 말씀이 있어. 하나님이 병을 고쳐 주셨고, 성경말씀을 깨우쳐 주셔서 살아가는 데 필요한 지혜를 주셨고, 험악한 세상 속에서 하나님과 동행하는 영이 되게 하셨어. 그래서 나의 늘그막이 평탄하게 되었어.

나: 성령 하나님이 깨우쳐 주신 말씀들을 자식들과 손주들에게 다 들려주려면 엄마가 오래 살아야 하는데…

엄마: 약함 가운데 오래 살았다. 올해 내 나이가 80이다. 성경말씀 속에서 인생을 나그네, 아침 이슬, 안개, 그림자 등으로 얘기하잖아. 그것들은 덧없이 빨리 지나가는 것을 상징하잖아. 만개한 벚꽃도 길어야 일주일이야. 믿지 않은 자의 죽음도 육체의 죽음이 그대로 죽음으로 끝나니 덧없고 허망한 것이야. 그렇지만 믿는 자의 죽음은 끝이 아니야. 욥기 말씀에 [육체를 벗어난 영이 하나님을 보리라]라는 구절이 있어. 믿는 자들의 죽음은 육체는 흙으로 가지만 영은 하나님께 돌아가 영생을 얻는 거야. 그래서 이 땅에서 천국에 대한 소망을 갖고 살아가는 거야.

나: 엄마는 천국에 빨리 가서 예수님을 만나는 것이 기쁠지 모르겠지만, 나는 엄마가 아파도 우리랑 이 땅에서 오래 살았으면 좋겠어. 진심으로.

엄마: 지금 내가 몸도 마음도 평안하다. 잠들었을 때 고통 없이 내 영이 떠났으면 좋겠다. 오늘 밤 하늘나라 가도 아무 여한이 없다. 언젠가는 갈 인생인데 너희들 고생시키지 않고 떠나고 싶다.

나: 남은 자들의 슬픔과 그리움이 얼마나 클지 엄마는 생각해 보았어요?

엄마: 나도 내 부모의 죽음을 경험했고, 네 아버지 장례도 치러 보았잖아. 슬픔도 고통도 회한도 좀 오래 갔어. 하지만 하나님 말씀으로 위로받고 천국에 대한 소망의 끈을 놓지 않으면 슬픔이 서서히 사라져 가. 내 죽음의 순간이 어쩔지 나도 몰라. 그때가 되면 네가 옆에서 계속 기도해라.

나: 어쨌든 엄마, 밥 잘 먹고 오래 살아서 손주들 위해서 기도 많이 해 주세요.

엄마와 나는 자리에서 일어나 올라왔던 길을 그대로 내려가면서 화사한 벚꽃과 봄하늘에 또 한 번 감탄했다.

목장 식구들 잔치국수 대접하기 (2019. 4. 30.)

엄마가 목장 예배를 집에서 드리고 싶어 했다. 그래서 목자 되신 백 집사님과 의논해서 날짜를 정한 것이 이날 오전 11시였다. 내가 엄마 집에 도착했을 때는 이미 잔치국수에 쓸 고명을 다 만들어 놓은 상태였다. 식탁 위에는 채를 썰어 볶아 놓은 호박, 당근, 부추, 계란지단이 가지런히 접시에 담겨 있었다. 그 접시 옆에는 김가루통과 냉면기 12개가 또한 놓여 있었다. 가스레인지 위에는 육수가 끓고 있는 곰솥이 놓여 있었다. 또 다른 불에는 국수 삶을 물이 데워지고 있었다. 내가 할 일이 없었다. 새벽시간에 일어나 엄마 혼자서 일을 다 한 셈이다. 뼛속까지 베어 있는 부지런함은 몸이 아파도 사라지지 않는가 보다. 그냥 예배드리고 차 한 잔만 대접해도 모두 이해하실 분들인데 아픈 몸으로 이렇게까지 해서 잔치국수를 대접해야 되나 하는 불편한 마음이 스멀스멀 올라왔다. 하지만 엄마한테 내 속내를 드러낼 수는 없었다. 엄마가 기쁜 마음으로 준비하고 대접하려는 그 손길을 내가 돕는 것이 딸로서의 도리라는 생각이 들었기 때문이다.

큰 냄비에 물이 끓어오르자 엄마는 국수를 삶기 시작했다. 다 익은 국수를 건져내 찬물에 담가서 여러 번 씻어 소쿠리에 건져내었다. 물기가 어느 정도 빠지자 냉면기 하나에 국수를 잘 말아서 적당히 담았다. 그리고는 나에게 나머지 냉면기에 같은 양으로 국수를 담으라고 했다. 냉면기 12개에 국수가 다 채워지자 음식 준비가 끝났다. 나는 거실 한가운데 큰 사각 교잣상 2개를 펴놓았고, 목사님 앉으실 자리에 방석을 깔았다. 이렇게 예배 준비도 끝나자 손님들이 오기 시작했다.

엄마 목장 식구들이라서 다들 연세가 있으신 분들이었다. 은퇴하신 장로님, 권사님들이 대부분이었다. 부목사님도 오셨다. 서로 서로 반갑게 인사를 나누고 엄마의 건강 상태를 다들 물어보셨다. 또한 몇 분의 권사님이 반찬을 해 오셨다. 너무나 고마웠다. 엄마와 나를 포함해 모두 14명이 예배를 드렸다. 목장 예배치고는 많은 숫자였다. 오랜만에 엄마의 집에 찬송가 소리가 힘차게 울렸다. 목사님은 모세의 이야기로 말씀을 하셨다. 요약하면 다음과 같다. 이스라엘 사람들이 애굽(이집트)에서 종살이를 하면서 억압 받으며 살아갈 때 하나님께서 모세를 택하여 부르신다. 나이가 80이나 된 노인을 지도자로 세워 하나님이 약속한 땅 가나안으로 그의 동족을 이끌도록 명령하신다. 이에 모세는 출애굽하여 광야 40년 동안 이스라엘 백성을 육적으로 영적으로 훈련시키시는 하나님의 말씀에 순종하며 공동체를 이끌어 간다. 광야생활의 전 과정이 힘들고 어려웠지만 모세는 이스라엘 백성을 아끼고 사랑하며 헌신했다. 따라서 하나님의 구원의 역사를 모세는 하나님을 향한 믿음으로 이루어 간다.

목사님: 이와 마찬가지로 전경호 집사님도 모세와 같은 역할을 감당하고 계신 것입니다. 모세는 한 민족을 구원하는 길로

인도했고, 집사님은 한 가정을 구원하는 중심에 계셨기 때문입니다. 모세가 죽을 때까지 눈이 흐리지 않았고, 기력도 쇠하지 않았다고 합니다. 어머님도 건강을 완전히 회복하시고, 여기 계신 모든 분들이 하나님께서 부르실 때까지 건강하게 사시기를 주님의 이름으로 기원합니다.

목장 식구들: 아멘-

목사님의 기도로 예배가 끝났다.

모세와 우리 엄마를 비교한다는 것은 그 자체가 어불성설이다. 모세는 선지자이며 이스라엘 민족의 지도자이고, 우리 엄마는 지극히 평범한 성도일 뿐이다. 그럼에도 불구하고 목사님께서 말씀하신, 모세는 한 민족을 구원의 길로 인도했고 우리 엄마는 한 가정을 구원하는 중심에 있다는 그 대목이 내 가슴에 와서 꽂혔다. 나는 전적으로 그 말씀에 동의했다. 그리고 목사님이 엄마를 그렇게 정확하게 표현하신 것이 좀 놀라웠다. 나는 그날 예배를 인도하신 목사님께 마음 깊이 감사드렸다.

권사님들의 도움으로 잔치국수상이 금방 차려졌다. 노 장로님의 대표기도가 끝나자 어르신들이 일제히 국수를 드셨다. 거실에는 국수 먹을 때 나는 특유의 소리로 한가득 차서 진짜 잔칫집 분위기였다. 모두들 맛있다고 한마디씩 던지고는 이런저런 이야기를 나누면서 즐겁게 식사를 했다. 국수를 한 그릇 더 드시는 분도 있었고, 국물만 더 달라던 분도 있었다.

다 먹은 사람들이 "맛있게 잘 먹었습니다." 하고 말하자 엄마는 이상하게 대답했다.

엄마: 나중에 천국에서 만나요. 그때 잔치국수 또 대접할게요.
목장 식구들: 어이구 무슨 소리래요. 이렇게 건강하게 보이는
   데. 내년 봄에도 국수 먹으러 오겠습니다.

우리 엄마는 남들 앞에서 입바른 소리도 안 하지만 빈 말은 더욱 못 하는 사람이다. 그래서 엄마의 엉뚱한 대답이 내 마음에 걸렸지만, 엄마의 얼굴은 상당히 밝아 보였다. 또한 뭔가 남아 있는 일들 중 하나를 매듭지었다는 안도감 같은 것도 보였다. 그런 엄마의 모습에 내 마음도 풀렸다. 새벽부터 준비하느라 수고한 엄마의 노고가 안타까워 불편했던 내 마음도 싹 사라져 버렸다. 서로 사랑하라는 주님의 말씀처럼 국수 한 그릇에 서로 따뜻한 마음이 오고가는 기쁨이 있는 목장 모임이었다.

정금 같은 믿음을 소유하라 (2019. 5. 3.)

오후 늦게 호박죽이랑 두부조림 반찬을 해서 엄마 집으로 올라갔다. 현관문 자동키를 열고 들어가자 엄마는 거실 소파 한가운데 앉아 있고, 탁자 위에는 금붙이들이 종류별로 놓여 있었다.

나: 엄마, 이걸 왜 다 꺼내놓고 있어요.

엄마: 이게 마지막 남은 금인데 너희들 다 나눠 줘야겠다. 이제 나한테는 필요 없는 물건들이다.

그동안 살아오면서 엄마는 우리 형제들에게 금붙이를 공평하게 나누어 준 적이 여러 번 있다. 고등학교 졸업했을 때, 결혼할 때, 손주들 돌 때, 손주들이 중학생 되었을 때, 아버지가 돌아가셨을 때 등. 그대마다 금덩어리를 받은 것은 아니고 반지, 목걸이, 팔찌, 시곗줄로 세팅된 제품을 하나씩 받아 왔다. 우리가 받아 온 그 금붙이들은 우리 아버지와 엄마의 피와 땀이 서린 근검절약의 결정체였다.

엄마는 수학이 뭔지도 모르는 사람이지만, 수리에 밝아서 돈 계산과 돈 관리를 참 잘했다. 경기에 따라 화폐 가치는 떨어져도 금의 가치는 떨어지지 않는다는 것도 알았고, 급할 때 현금화할 수 있는 가장 확실한 물건이 금이라는 사실도 삶 속에서 일찍 터득했다. 엄마는 평생 반지 하나 끼고 살지 않았지만, 아끼고 아껴서 모아 두었던 금붙이를 자식들에게 아낌없이 다 나누어 주었다. 물론 우리 형제들이 받아 온 금붙이들이 재산의 일부분을 차지할 정도의 액수는 절대 아니다. 그 물건에 담긴 부모님의 노고와 사랑이 훨씬 더 가치가 크다. 우리 딸은 중학생일 때 엄마가 해 준 18K 금 목걸이를 10년째 한 번도 빼지 않고 하고 있다. 외할머니의 사랑의 징표라 여기는 것 같다. 엄마와 나는 탁자위에 있는 금붙이를 보면서 다시 대화를 이어갔다.

나: 우리 먹이고 교육시키느라 힘들었을 텐데 어떻게 금 모을 생각을 다 했어, 엄마.

엄마: 네 아버지가 회사에서 작은 금 조각을 받아 왔을 때부터 모았지. 나도 직장 생활하면서 금 계중도 하고 그렇게 모은 거야.

나: 옛날에는 금값이 쌌다고 해도, 월급이 엄청 적었잖아.

엄마: 돈을 어떻게 써야 되고, 어떻게 살아야 할지를 성경말씀을 읽으면서 알게 되었지. 못 배우고 무식한 내가 무슨 궁리가 있겠어. 성령 하나님이 깨우쳐 주신 생각으로 살아왔지.

나: 이 순금 목걸이, 팔찌를 써 보지도 않고 우리 다 주면 아깝잖아.

엄마: 내 몸 치장하려고 가지고 있던 게 아니라서 아까울 것도 미련도 없다. 너희가 잘 쓰면 되지.

엄마는 탁자에 놓인 금붙이를 사등분으로 나누셨다. 그리고는 본인이 직접 만든 4개의 작은 천 주머니에 제 몫을 집어넣고는 상자 뚜껑을 닫았다. 그 상자를 탁자 아래에 내려놓고 대신 성경책을 펼치셨다.

엄마: 욥기 23장 10절과 잠언 17장 3절을 읽어 봐라.

나: [~그가 나를 단련하신 후에는 내가 순금같이 되어 나오리라] 욥기 23장 10절

[도가니는 은을, 풀무는 금을 연단하거니와 여호와는 마음을 연단하시느니라] 잠언 17장 3절

엄마: 순금은 그냥 나오는 게 아니지. 도가니에서 녹아지고 연단되어 순도 100% 정금이 되잖아. 나는 네가 정금보다 귀한 믿음을 소유하면 좋겠다. 혹시라도 삶의 여정에 굴곡이 오더라도 인내하며 기도하여 장성한 분량의 믿음을 소유했으면 좋겠다.

나: 왠지 유언처럼 들리네. 아무튼 노력해 볼게요.

그날 나는 잠들기 전까지 정금, 연단, 믿음, 인내, 기도라는 단어들을 곱씹으면서 꽤 긴 시간을 보냈다.

추억으로 간직될 오월의 나들이 (2019. 5. 4.-5. 31.)

추억 하나 (2019. 5. 6.)

점심을 일찍 먹고 엄마, 나, 소원이 이렇게 셋이 남편의 차를 타고 태화강 국가정원에 갔다. 남편은 우리를 정원의 가장 가운데 주차장과 접해 있는 가로수길에 내려 주었다.

남편: 장모님, 구경 잘하시고 조심해서 걸으세요. 숙아, 무슨 일이 생기면 전화해라. 소원이도 할머니랑 즐겁게 시간 잘 보내고. 나중에 데리러 올게.

남편은 이렇게 몇 마디 던지고 볼일을 보러 갔다.

우리는 공원을 내려가기 전, 가로수길에 놓여 있는 긴 벤치에 앉아서 공원 전체를 잠시 내려다보았다. 봄꽃 축제 기간이 아님에도 불구하고 많은 사람들이 삼삼오오 무리를 지어 그 넓은 공원에 흩어져 꽃구경을 즐겼다. 꽃들도 거의 만개 상태로 보였다. 시야에서 멀리 보이는 대나무 숲이 촘촘히 길게 뻗어 있었다. 그리고 울산 시내를 가로지르는 태화강과 태화교가 보였다. 정원 둘레 멀리에는 아파트와 복잡하게 배열된 건물들이 보였다. 도심 속의 정원이라는 것이 실감났다. 엄마도 나와 같은 생각으로 보는 것 같았다.
태화교에는 끊임없이 다양한 차들이 지나갔다.

엄마: 한꺼번에 여러 가지 꽃이 많이 핀 꽃밭은 처음 보네. 참 잘 가꿨다.
나: 여기 구경 오자고 작년에도 재작년에도 말했는데 엄마가 싫다고 해서 못 왔잖아요.
딸: 할머니, 이제는 집에만 있지 말고 구경 좀 다니세요. 엄마랑

일본 온천도 다녀오세요.

엄마: 이제는 집 근처나 살살 다녀야지 그렇게 멀리는 못 가.

나: 우리 내려가서 꽃길 걸으며 꽃구경합시다.

우리는 중앙에 위치한 느티나무 광장으로 내려갔다. 소원이가 하얀 꽃밭으로 엄마와 나를 인도했다. 하얀 안개초가 봄바람에 물결처럼 일렁거렸다. 마음까지 하얘지는 기분이었다. 다음엔 붉은색 꽃밭을 보았다. 꽃 양귀비가 화려한 자태를 뽐내며 흔들거렸다. 붉은 에너지가 엄마에게 힘을 줬으면 하는 바람을 품고 보았다. 그 옆에 붙어 있는 노란색 금영화 밭을 보았다. 다음엔 수레국화 밭이었다. 그 꽃밭은 보라색과 흰색이 섞여 있어서 몽환적인 분위기까지 돌았다. 눈이 너무나 즐거워 예쁘다고 감탄을 연발하자 엄마는 나와 소원이를 쳐다보더니 웃으면서 말했다.

엄마: 꽃보다 우리 소원이 뽀얀 얼굴이 훨씬 더 예쁘다.

그러자 딸은 아니라고 강하게 부인하면서, "할머니, 힘들면 그만 볼까요?"라고 말했다.

우리는 다시 느티나무 광장으로 왔다. 그곳 벤치에 앉아 꽃향기 품은 봄바람을 마시며 쉬었다. 엄마는 하늘을 잠시 보더니 눈을 감고 소리 없이 기도를 하는 것 같았다. 그때 남편한테서 전화가 왔다. 우리를 내려 주었던 주차장에 와 있다고 했다. 엄마는 눈을 뜨고 소원이의 손을 잡고 차분하게 잘 들리게 말했다.

하나님 아버지여, 우리 소원이 믿음이 꽃들처럼 피어나게 하소서. -아멘-

추억 둘 (2019. 5. 17.)

부산에서 여동생이 왔다. 바쁜 중에도 엄마 때문에 시간을 내어 자주 오고 있다. 동생은 오자마자 엄마, 나, 우리 딸을 차에 태워 대왕암으로 갔다. 그곳 대왕암은 엄마 집에서부터 차로 10분 이내로 도착하는 곳이었다. 대왕암은 전국적으로 알려진 관광명소이기도 하지만, 인근 주민들에게는 최고의 산책 코스이기도 하다. 그래서 평일 오후 대왕암으로 산책을 가면 사람 반 개 반으로, 다양한 애완견을 보는 재미도 있다.

우리는 차에서 내려 대왕암으로 가는 메인 도보길을 따라 천천히 걸었다. 길 양쪽에는 나무들마다 제각기 다른 녹색의 잎사귀들이 무성히 달려 있어서 싱싱한 초록 세상이 펼쳐져 있었다. 엄마는 그 모습을 보고 꽃보다 더 예쁘다고 했다. 특히 높이 솟아 있는 소나무 숲속 산책길을 걸을 때는 눈과 마음이 시원하다고 했다. 쭉쭉 뻗어 있는 해송들이 햇살을 적당히 가려 줘서 눈이 부시지 않았고, 소나무 숲 전체에 깔려 있는 초록의 풀잎들이 마음을 편하게 해 주었다. 또 때때로 들리는 새소리도 귀를 즐겁게 해 주었다. 우리는 이 숲속길을 벗어난 후, 대왕암 정점으로 향하는 내리막길 앞에 도착했다. 아무래도 엄마가 걷기에는 힘들 것 같아서 완만한 나무테크를 따라 걸었다.

여동생: 엄마, 이 길 걷는 게 어때.

엄마: 괜찮다. 옛날에는 이런 게 없었는데 잘 만들었네.

딸: 할머니, 그러면 여기 마지막으로 와 본 게 그렇게 오래되었어요?

엄마: 내가 여기 혼자 올 일이 없었지.

나는 엄마가 띄엄띄엄 대답하는 말에 마음이 먹먹해졌다.

이 가깝고 좋은 곳에 엄마랑 산책 올 생각을 일찍 못 한 것에 대한 후회가 일었다. 소리 내어 엄마한테 미안하다고 말하고 싶었지만 부끄럽고 쑥스러워서 마음으로 삼켰다. 그리고 묵묵히 걸었다. 나무테크 산책길은 꽃, 나무, 풀뿐만 아니라 새소리, 바람소리, 파도소리까지 공존하는 멋진 길이었다. 나무테크가 끝나는 지점에 이르자 눈앞에 동해바다가 끝없이 펼쳐졌다. 대왕암 정점까지 이어진 기암괴석의 바위들, 맑고 짙푸른 바다, 먼 바다에 떠 있는 배들, 오월의 맑은 하늘, 하얀 파도소리 등 자연이 주는 풍경과 소리에 우리 모두는 감탄했다. 엄마는 이 날도 또한 기도했다. 인간이 누릴 수 있는 자연세계를 창조하신 하나님께 감사했고, 자식들과 즐거이 시간을 보낸 것에 감사했다.

하나님 아버지여, 우리 자녀들의 믿음이 나무처럼 곧게 하소서.
-아멘-

추억 셋 (2019. 5. 28.)

울산 대공원을 다녀왔다. 엄마의 직계자녀들과 손주들 모두 함께 장미꽃을 보러 갔다. 장미정원 입구에 들어서자 오월의 푸르름 속에 장미 향기가 코끝에 스며들었다. 형형색색의 300만 송이 장미꽃 정원이 방문객들의 눈과 마음을 사로잡았다. 꽃길마다 환호성이 들리고 사진 찍느라 여념이 없어 보였다. 우리 식구들도 마찬가지였다.

엄마: 세상에나, 노란색, 보라색 장미가 다 있네.

딸: 할머니, 저쪽에 연갈색 장미도 있어요.

엄마: 나는 장미가 빨강, 분홍, 흰색만 있는 줄 알았다.

조카 A: 진한 면에서 연한 면으로 물결처럼 퍼진 색깔도 있어요.

엄마: 그래, 그 꽃도 한번 보자.

연한 핑크빛 장미를 보는 엄마의 모습이 참 잘 어울려서 나는 사진을 몇 장 찍었다. 엄마는 사진 찍는 것을 별로 좋아하지 않는다. 하지만 그날은 우리의 요구대로 군말 없이 많이 찍었다. 앉아서, 서서, 혼자서, 각 식구들 사이에서, 손주들 사이에서, 자녀들 사이에서, 모두 함께 등 포즈를 취하며 찍었다. 우리 모두는 그 순간들이 어쩌면 엄마와 마지막일 거라는 안타까움과 즐거움이 교차하는 가운데 추억을 만들고 있었다. 엄마의 속내를 알 수는 없었지만 엄마의 마음도 우리와 비슷하지 않을까 하는 생각이 들었다.

정원을 어느 정도 둘러보자 엄마가 힘들었는지 벤치에 앉았다. 그리고 우리에게 말했다.

엄마: 나는 여기 앉아서 구경할 테니까 너희들은 다 둘러보고 와라.

나: 엄마, 배가 많이 아파?

엄마: 조금 불편하다. 걱정하지 말고 다들 구경하고 와.

소원이가 엄마 옆에 앉아서 얘기하며 쉬는 동안, 우리 모두는 정원 가장 안쪽에 위치한 작은 동물원을 얼른 둘러보고 내려왔다. 오후 늦게 와서인지, 해가 뉘엿뉘엿 지기 시작했다. 우리 모두는 정원을 떠날 채비를 하고 옥동에 있는 유명한 삼계탕집으로 갔다. 그 식당에서도 각자 인상 깊게 본 장미꽃 색깔을 얘기하며 뜨거운 삼계탕을 천천히 먹었다.

긴 시간이 지난 후 회상해 보니, 그때가 엄마와 우리 온 식구가 외식을 한 마지막 시간이었다. 생각할 때마다 그리움이 밀려온다. 저절로 눈물도 흐른다.

그날도 엄마는 우리 모두를 위해 기도했다.

하나님 아버지여, 우리 손주들의 믿음이 별들처럼 빛나게 하소서. -아멘-

6

엄마와 이별 연습합니다

가정 호스피스를 신청하게 되다 (2019. 6. 3.)

지난해 12월에 병원에 다녀온 후 6개월 만에 다시 갔다. 먼저 CT 촬영을 했고, 다음엔 피검사를 했다. 그리고 결과는 2시간 뒤에 담당의 선생님을 만나서 듣도록 예약되어 있었다. 엄마와 나는 병원을 나와 맞은편에 있는 현대백화점 지하식당으로 갔다. 그곳에서 우리는 아침 겸 점심으로 죽을 사 먹었다. 나는 다 먹었지만 엄마는 절반만 먹었다. 식후 백화점과 병원 사이에 작은 연못이 있는 공원에 앉아서 잠시 쉬었다. 아직 연꽃은 피지 않았고 봉우리가 있는 짙푸른 연잎만 무성히 물 위에 떠 있었다. 물속에는 잉어도 몇 마리가 헤엄치고 있었다. 하늘도 푸르고 날씨가 참 좋아서 앉아 있기가 편했다. 진료 예약 시간이 다 되어서 다시 병원으로 들어갔고, 진료실 앞에 앉자마자 엄마 이름이 호명되어 진료실

방으로 들어갔다.

엄마: 안녕하세요.

의사 쌤: 예, 어서 오십시오. 오랜만에 뵙네요. 보호자분도 여기에 같이 앉으세요. 요즘은 좀 어떠세요?

엄마: 5월까지는 아프지 않고 잘 지냈는데, 며칠 전부터 배에 가스가 차는 것 같고, 걸을 때 배가 무거운 느낌이 드네요.

의사 선생님이 컴퓨터 화면을 보면서 검사 결과들을 설명해 주었다.

의사 쌤: 예, 그래요. 지금 사진상으로는 복부 위쪽에 암세포가 퍼져 있네요. 그동안 통증이 없었나요?

엄마: 크게 아프지 않고 견딜 만했어요.

의사 쌤: 예, 잘 지내신 편이네요. 몸 상태에 비해 염증 수치는 높지 않네요. 항암치료와 가정 호스피스를 담당하는 선생님을 오늘 만나 보고 가세요. 제가 곧장 상담이 이루어지도록 연락해 놓을게요. 심하게 아프거나 일이 생기면 병원에 언제든지 오세요.

나: 예, 알겠습니다. 안녕히 계세요.

엄마와 나는 진료실을 나와서, 간호사가 일러준 대로 항암치료를 담당하시는 선생님께 갔다. 그분도 컴퓨터 속의 사진과 기타 검사 결과 등을 봐 가면서 얘기를 꺼냈다.

의사 쌤 2: 어머니, 솔직하게 말씀드릴게요. 지금이라도 항암치료 받으시면 2-3년은 더 사실 수 있어요. 그렇지 않으면 올해를 넘기기가 힘들어요.

엄마: 항암치료는 안 받아요. 지금 이대로 살다가 갈 겁니다.

의사 쌤 2: 어머니, 집안에 무슨 큰 문제가 있나요?

엄마: 그런 거 없습니다. 나는 죽음이 두렵지 않아요. 천국에 대한 소망이 있어서 빨리 가고 싶네요.

의사 쌤 2: 제가 지금까지 보아 온 환자들은 모두 좀 더 살려고 애를 썼어요. 죽음 앞에 누구나 두려움을 느껴요. 어머니는 참 다르시네요. 보호자분 생각은 어떠세요?

나: 저는 어머니가 원하는 대로 할 겁니다.

의사 쌤 2: 그러면 5층에 가서서 가정 호스피스를 담당하시는 선생님을 만나서 상담을 하시고 신청을 하세요. 현재 어머니의 진행 상태로 보면 병원에 자주 오시는 것보다 집에서 편하게 진료를 받는 게 낫겠어요. 급한 일이 생기면 담당 호스피스 간호사가 입원 절차도 빠르게 진행해 줄 겁니다.

나: 알겠습니다. 안녕히 계세요.

엄마와 나는 일러 준 대로 갔다. 그리고 곧장 상담을 시작했다.

그곳에서는 적어야 할 것과 체크할 사항이 좀 있어서 시간이 걸렸다. 모든 서류상의 절차가 끝나자, 엄마 집에 방문하게 될 호스피스 간호사 이름과 휴대폰 번호를 받았다. 첫 방문은 6월 10일이고, 그 전날 전화가 오면 편한 시간을 정하라고 했다. 모든 것을 끝내자 오후 5시가 지났다. 6개월 전에는 희망을 안고 병원을 나섰지만, 이날은 엄마의 생명이 얼마 남지 않았다는 절박한 심정으로 병원을 나왔다. 집으로 향하는 발걸음이 무거웠다. 내 머릿속이 또 한 번 멍해졌다.

환상으로 본 거대한 불꽃 (2019. 6. 12.)

정오가 조금 지나서 엄마 집으로 올라갔다.

엄마는 베란다에 있는 등받이가 높은 안락의자에 등을 비스듬히 눕혀 편하게 앉아 있었다. 아파트가 11층이라서 베란다에서 바깥을 보면 동네가 훤히 보일 뿐 아니라 멀리 배가 떠 있는 바다까지 보인다. 엄마는 아파트로 이사 온 후 종종 이런 자세로 말씀을 묵상하기도 하고, 기도도 하고, 바깥을 구경하기도 했다.

나: 엄마, 점심 같이 먹어요. 조 권사가 엄마 주라고 어젯밤에 호박죽이랑 반찬을 많이 해 줬어요.
엄마: 밥 먹기 전에 여기 와서 앉아 봐.

나는 들고 온 음식들을 식탁에 놓아두고, 베란다 구석에 있던 나지막한 욕실 의자를 적당한 자리에 놓고 앉았다.

엄마: 아침에 여기서 기도를 한 후, 눈을 뜨고 바깥을 보는데 저 공중에서 이상한 것을 보았다. 아주 넓은 웅덩이 같은 곳에서 거대한 불꽃이 타오르고 있었어. 그곳으로 수많은 사람들이 빨려들듯이 뛰어가고 있었어. 나도 사람들을 따라 그곳으로 뛰어갔어. 연기 하나 없이 펄펄 타오르는 불구덩이에 가까이 오자, 흰옷 입은 사람이 내 손을 잡고 반대 방향으로 뛰었어. 나는 불꽃에서 점점 멀어지고, 뛰어가던 사람들은 불 속으로 빨려 들어갔어. 신기한 것은 그렇게 큰 불꽃이 저 공중에서 흩어지지도 않고 한 점 떨어지지도 않고 활활 타고 있었다. 내가 지상에서 본 적이 없는 무시무시한 불꽃이었어.

나: 하나님이 그런 환상을 보여 준 이유가 뭘까?

엄마: 글쎄다. 나도 생각 중이야.

나: 엄마, 일단 호박죽 먹고 사진 찍으러 가요.

엄마: 조 권사도 매일 바쁜 몸인데 음식을 이렇게 자주 해 주니 수고가 많다. 아무리 친해도 꼭 감사하다고 인사해라.

나: 알았어요. 천천히 많이 드세요. 물김치도 맛있네요.

우리는 조영순 권사가 정성껏 만들어 준 음식을 점심으로 잘 먹었다. 그리고 엄마는 사진을 찍기 위해 미리 챙겨 두었던 자주색 재킷과 진주 목걸이를 착용했다. 엄마가 며칠 전 영정사진을 미리 찍어야겠다고 처음 말했을 때 참 황당하고 놀랐다. 더구나 지난밤에 또 그러기에 오늘 오후에 가자고 했다. 엄마가 나갈 준비를 끝내자 우리는 대송시장에 있는 사진관으로 천천히 내려갔다. 사진관에 도착하여 문을 열고 들어가니, 사진사 아저씨가 우리를 쳐다보며 말했다.

사진사: 어서 오이소.
나: 예, 사진 찍으러 왔습니다.
사진사: 두 분이 많이 닮았네요. 모녀지간이지예.
나: 예.
사진사: 여권 사진이나 기념사진이 필요하신가예.
엄마: 아뇨, 내 영정사진 찍어 주세요.
사진사: 정정하실 때 영정사진을 미리 찍어 두는 것도 괜찮지
    예. 어머니 모습이 고와서 예쁘게 잘 나오겠네예.

엄마는 아무 말 없이 아무 표정 없이 사진을 찍었다. 내 마음은 한없이 울적했다. 엄마는 이 땅에서의 삶을 정확하게 하나씩 정리하고 있었다.

목사님 심방으로 위안을 받다 (2019. 6. 25.)

오후 2시 목사님 심방이 있었다.

목사님, 사모님, 담당구역 부목사님, 엄마 목장의 목자이신 백집사님 이렇게 네 분이 오셨다. 거실 한가운데 큰 교잣상 하나를 펴고 목사님을 중심으로 쭉 둘러앉았다. 엄마는 허리 뒤쪽에 쿠션을 하나 받치고 소파에 편히 앉았다.

목사님은 시편 23편으로 다윗의 삶을 통하여 우리네 인생의 여정을 되짚어 보면서 말씀하셨다.

[1. 여호와는 나의 목자시니 내게 부족함이 없으리로다.

2. 그가 나를 푸른 풀밭에 누이시며 쉴만한 물가로 인도하시는도다.

3. 내 영혼을 소생시키시고 자기 이름을 위하여 의의 길로 인도하시는도다.

4. 내가 사망의 음침한 골짜기로 다닐지라도 해를 두려워하지 않을 것은 주께서 나와 함께 하심이라 주의 지팡이와 막대기가 나를 안위하시나이다.

5. 주께서 내 원수의 목전에서 내게 상을 차려 주시고 기름을 내 머리에 부으셨으니 내 잔이 넘치나이다.

6. 내 평생에 선하심과 인자하심이 반드시 나를 따르리니 내가

여호와의 집에 영원히 살리로다.] 시편 23편

목사님: 다윗은 광야의 삶, 죽음의 골짜기에서도 하나님이 함께
하심을 고백했습니다. 우리네 인생도 어떠한 상황, 상태가
닥쳐와도 우리의 목자 되신 주님께서 인생길을 인도하십니
다. 지금 집사님이 처한 육체의 연약함이 힘든 골짜기일 수
도 있지만, 그동안 신앙생활을 통하여 하나님의 선하심과
인자하심을 경험하셨으리라고 생각합니다. 신실하신 하나
님의 인도하심이 앞으로도 계속 전 집사님과 함께하시기를
주님의 이름으로 축복합니다.

목사님 말씀이 끝나자 우리 모두는 '아멘'으로 대답하고 음료를
마시며 약간의 대화를 이어나갔다.
엄마는 자신이 과거에 겪었던 신앙적 체험 몇 가지를 짧게 얘기
했다. 이미 내가 들었던 얘기를 엄마는 똑같이 하고 있었다.

목사님: 보통은 성도들의 임종이 임박하면 기도 부탁을 해서 방
문을 합니다. 그때는 대화를 할 수도 없고 말씀을 전할 수도
없어서 안타까움을 종종 느낄 때가 있습니다. 오늘처럼 신
앙생활의 경험도 듣고, 서로 대화를 나눌 수 있는 시간에 예
배를 드리니 참 좋네요.
엄마: 고맙습니다. 목사님 모시고 예배를 드리니 마음이 기쁩니다.

목사님: 가장 불편하신 게 있으시면 말씀하세요. 기도해 드리겠습니다.

엄마: 배에 가스가 차서 걷기도 불편하고, 누워도 편하지가 않아요.

목사님은 엄마의 얘기를 다 듣고 가스가 잘 배출되도록 하나님께 간절히 기도하셨다. 그 기도를 마지막으로 예배는 끝났다. 모두가 서로 인사를 나누고 돌아갔다. 엄마는 침대에 누웠고, 나는 뒷정리를 하고 저녁 준비를 했다. 세 시간 뒤 저녁상을 차리고 엄마를 깨웠다. 엄마가 식탁으로 걸어오면서 말을 했다.

엄마: 자는 동안 가스가 빠졌는지 배가 편해졌다.

나: 하나님께서 목사님 기도를 들어주셨네. -할렐루야-

하나님께 약속한 것은 지켜야지 (2019. 6. 28.)

오전 열 시쯤에 호스피스 간호사가 왔다. 벌써 세 번째 방문이다. 첫 번째와 두 번째는 2주 간격으로 왔고, 오늘은 일주일 만에 왔다. 앞으로 계속 일주일 간격으로 오기로 변경 계약했다. 그만큼 엄마의 몸 상태가 나빠지고 있다. 식사량도 절반으로 줄었고, 몸무게가 빠지면서 눕고, 일어서고, 걷는 것이 보기에도 힘을 잃어 가고 있었다. 이달 중순까지만 해도 엄마는 나랑 시장도 같이 가고, 목욕탕도 자주 갔고, 집안일도 이것저것 부지런히 정리해 가며 움직였다. 엄마는 이제 모든 활동을 힘들어한다. 약 먹는 것도 위에 큰 부담이 되어 일주일 전에 끊었다. 대신 호스피스 간호사를 통하여 영양제와 진통제가 혼합된 링거를 맞고 있다. 보통은 환자에게 링거를 놓아주고는 간호사는 간다. 수액이 다 들어가면 보호자가 바늘을 천천히 뽑아 정리하면 끝이다. 그런데 엄마 집에 오는 간호사 박 과장님은 그렇게 하지 않는다. 엄마가 수액을 다 맞을 때까지 지켜보면서 대화도 나누고 심리상태까지 체크하고 간다. 자질과 품성까지 좋으신 간호사님을 만난 것도 감사할 일이다. 간호사 박 과장님이 돌아가신 후, 엄마는 안방에 걸려 있던 검은색 교회가방을 들고 나왔다. 그리고는 가방 안에서 흰 봉투를 꺼내어 나에게 주었다.

엄마: 내일 모레, 주일날 이거 헌금하고 와라. 선교 헌금 6개월
　　　치 남은 거 다 넣었다.
나: 달달이 내면 되지 왜 한꺼번에 내려고 해요?
엄마: 하나님과 약속한 것은 정신 멀쩡할 때 정리를 다 해야지.
　　　몸이 급속하게 나빠지는 것을 내가 느끼고 있다.
엄마: 힘들어도 시간 내서 목욕탕에 가야겠다. 목욕탕이 가까워
　　　서 그나마 다행이다.
나: 월요일날 가요. 오전에 일찍 올라올게요.

엄마가 수액을 맞고 힘을 좀 얻어서인지 베란다에 가서 등받이가 높은 안락의자에 앉으셨다. 창밖의 풍경을 바라보고 있었다. 아마도 하나님과 대화를 하고 있을 거란 생각이 들었다.

나는 닭죽을 끓이기 시작했다. 기름을 다 걷어낸 닭살과 양배추를 다져서 찹쌀을 넣고 한참을 끓였다. 일이 다 끝나자 안 집사님이 오셨다. 며칠 전 엄마를 한번 만나 보고 싶다고 해서 시간 약속을 했었다. 엄마와 안 집사님은 서로 아는 관계는 아니었다. 내가 안 집사님과 데면데면한 관계로 지내면서 엄마 얘기를 몇 번 했다. 엄마의 상태가 나빠지고 있다는 것을 듣고는 안타까워했다. 안 집사님은 베란다에 있는 나지막한 욕실용 의자에 앉아서 엄마랑 얘기를 했다. 두 분 다 하나님 말씀을 최고로 여기는 분들이라 조용하게 꽤 긴 시간을 얘기했다. 나는 일을 하느라 듣지는 못했지만 나이 드신 두 분의 모습에서 아름다운 성도간의 교제를 보는 듯했다. 안 집사님이 베란다에서 거실로 나오시면서 나에게 말했다.

안 집사: 오늘 엄마 얘기를 들으면서 많은 은혜를 받았어. 특히 자기 몸이 저렇게 아픈데 작정한 헌금까지 미리 정리하시는 그 마음이 내게 크게 와닿네.
나: 우리 엄마가 좀 그렇지요.
안 집사: 고 집사는 정말 훌륭한 어머니를 곁에 두었어. 고 집사가 복받은 사람이야.

안 집사님은 다음에 또 뵙고 싶다고 인사를 했고, 엄마는 방문해 줘서 감사하다고 인사했다. 서로 좋은 만남이었다.

엄마와 나는 저녁으로 닭죽을 같이 먹었다. 엄마는 내가 퍼준 것을 다 먹지 못했다. 좀 더 드시라고 종용해도 속에서 더 이상 받지를 않는다면서 숟가락을 놓았다.

나: 엄마, 내일 아침은 이 닭죽을 먹을 만큼 전자레인지에 데워서 먹어요. 교회 예배 마친 후 곧장 올게요.
엄마: 알았다. 얼른 치우고 빨리 가라. 내일 주일 예배 늦지 말고.

먼 곳에서 찾아온 이모들 (2019. 7. 2.)

엄마에게는 자매가 되고, 나에게는 이모가 되는 분들이 왔다. 이모 세 분과 이종사촌들이 날을 맞추어 오기가 쉽지 않았을 것이다. 왜냐하면 인천, 춘천, 원주, 이렇게 삶의 터전이 다르고 서로 먼 거리에 살고 있기 때문이다. 모두가 울산에 하루 전에 도착해서 성안동에 사는 큰외삼촌 집에서 자고, 아침 식사 후 곧장 엄마를 보러 왔다.

이미 엄마 병의 치료과정과 상태를 다 듣고 왔기 때문에 모두들 더 이상 묻지는 않았다. 이모들은 엄마가 누워 있는 큰방으로 가서 침대 옆에 놓여 있던 의자에 앉아 서로 얼굴을 보며 이야기를 나누었다. 이종사촌들은 거실에 앉아 과일을 먹으며 자신들이 하고 있는 일들에 대해서 이야기하며 시간을 보냈다.

큰방 문이 활짝 열려 있어서 이모들이 하는 얘기와 엄마의 작은 목소리도 간간이 들려왔다. 대부분이 하나님의 은혜로 살아온 이야기였고, 중간중간 자매들이 함께 살던 시절에 겪었던 몇 가지 추억들을 회상하며 담소를 나누기도 했다. 그 와중에 막내이모는 엄마 발을 왼발 오른발 번갈아가며 마사지를 해 주었다. 큰이모가 거실로 나와 물 한 잔을 마시고 베란다 쪽으로 갔다. 바깥을 보며 연신 손등으로 눈물을 닦고 있었다. 내가 가까이 가자 내 손을 잡고 말했다.

큰이모: 현숙아, 네가 수고가 많다. 엄마 끝까지 잘 돌봐주고,
    너도 건강해야지.
나: 예.
큰이모: 엄마가 이제 80인데. 나이 많은 나도 아직 멀쩡한데…
    너희 엄마는 어릴 때부터 우리랑 많이 달랐어. 심성이 곱고,
    정직하고, 집안일도 잘하고. 그래서 너희 외할아버지가 무
    척 아끼던 딸이었어.

큰이모는 울음을 참느라고 애를 쓰시면서 화장실로 들어갔다. 물 소리와 코 푸는 소리가 여러 번 들리더니 이모가 나와서 다시 엄마 방으로 들어갔다. 잠시 후 작은이모가 나왔다.

작은이모 역시 베란다로 가서 창밖을 보며 울고 있었다. 거실에 이종사촌과 내가 있으니 다들 베란다로 가서 우는 것 같았다.

작은이모: 믿음 좋고 깨끗하게 세상 살아온 언니가 암으로 간다는 게 믿기지가 않네. 고쳐 달라는 기도는커녕, '천국 빨리 데려가 주세요'라고 매일 기도한다고 하니 기가 막힌다. 나도 교인이지만 네 엄마 신앙은 이해가 안 된다.

작은이모가 다시 방으로 들어가고, 막내이모가 거실로 나와서 곧장 화장실로 갔다. 물 내리는 소리와 코 푸는 소리가 여러 번 들리더니 나와서 내게로 와 말씀하셨다.

막내 이모: 현숙아, 수고가 많다. 힘들어도 엄마 끝까지 잘 챙겨 줘라. 무슨 일이 생기면 곧장 연락하고. 네 얼굴도 지금 말이 아니네. 밥 잘 챙겨 먹고 건강해. 알았지. 엄마랑 너를 위해서 인천 가서 계속 기도할게.
나: 예, 고맙습니다.

이모들이 번갈아 가면서 한바탕 눈물을 짜고는 엄마 방에서 한 시간 정도 얘기를 더 했다. 그리고 막내 이모가 간단히 기도를 하고 엄마에게 작별 인사를 하고 나왔다. 그 모습을 보고 이종사촌들도 모두 일어나 갈 채비를 했다. 이모들은 떠나면서 나에게 흰 봉투를 하나씩 주면서 똑같이 말했다. "필요한 곳에 써라. 조금 넣었다."

나는 고맙다고 인사를 했고, 엄마가 시킨 대로 차 기름값을 드리니까 모두 거절하시고 그냥 가셨다.

모두가 떠난 뒤 엄마 방에 있던 의자들과 거실을 좀 정리하고 저녁을 준비했다. 아욱 된장국을 두부 넣고 푹 끓였다. 엄마가 힘을 다해 일어나 혼자서 식탁까지 걸어 나왔다. 비록 많이 먹지는 못했지만 아욱 된장국과 흰죽을 좀 드셨다. 그리고 엄마 방 화장실에서 이를 닦고 침대에 누웠다.

내가 설거지를 다 끝내고 엄마 침대 옆 의자에 앉자 엄마가 말했다.

엄마: 이제 볼 사람 다 만났으니 마음이 홀가분하다. 그저께는 큰오빠 식구들도 왔다 갔고. 조카들도 다 봤으니 됐고.

나: 작은외삼촌도 아들이랑 며느리 데리고 왔다 갔고.

엄마: 더 이상 우리 식구 외에는 사람을 만나고 싶지 않다. 많이 힘들다. 교회 사람이든 친지이든 연락 오면 네가 알아서 얘기 잘해라.

나: 알았어요.

엄마: 우리 손주들 얼굴을 많이 보고 떠나고 싶다.

나는 엄마의 말을 마음에 잘 새기며 집으로 내려왔다.

순간순간이 다 연습이다 (2019. 7. 5.)

　내가 엄마 집에 도착해서 제일 먼저 하는 일은 침대 머리맡에 있는 그릇과 물병을 점검하는 것이다. 엄마는 잠을 긴 시간 내리 자는 사람이 아니고 늘 자다 깨다를 반복하면서 아침을 맞이하는 사람이다. 그래서 한밤중에 배가 고프면 먹을 수 있도록 과일 조금과 술떡을 그릇에 담아 놓곤 했다. 빨대 달린 물병도 옆에 나란히 두었다. 어둠 속에서도 손만 뻗치면 쉽게 잡을 수 있는 위치에 두었다. 그래서 모로 누워서도 먹을 수 있었다. 엄마가 아직까지 거부감 없이 조금씩 먹을 수 있는 음식이 살구하고 술떡이라서, 그것들이 내가 집에 내려오기 전에 마지막으로 챙기고 오는 음식이다. 하지만 오늘 아침은 달랐다. 살구 두 개와 술떡이 그대로 있었고, 물만 마신 흔적이 보였다.

　나: 엄마, 밤새 하나도 안 먹었네. 배가 고플 텐데.
　엄마: 배가 고픈 건지 아픈 건지 잘 모르겠다. 갈수록 목이 많이
　　　　마르고 몸이 천근만근 늘어지면서 힘이 든다. 일어나서 오
　　　　줌 누는 것도 힘들다.
　나: 일단 죽이라도 조금 먹어야 살지. 이러다가는 병이 아니라
　　　굶어서 죽겠어요.

　나는 주변으로부터 들었던 말이 생각났다. 암환자들이 못 먹어

서 더 빨리 죽는다고 했다. 그 말이 정설인지 아닌지는 모르겠지만, 엄마의 경우 음식량이 줄어들면서 몸이 급속히 나빠지고 있었다. 나는 얼른 냉장고에서 녹두죽을 꺼내어 조금 데워서 김칫국물과 두부반찬을 챙겨 다시 방으로 들어갔다. 침대 근처에 있던 간이책상을 엄마 배 쪽으로 바짝 당기고 아침을 차려 주었다. 엄마는 식사 기도 후 힘들게 천천히 먹었다. 겨우 다섯 숟가락 정도의 죽과 김치 국물 세 번으로 숟가락을 놓았다. 두부 반찬은 입에도 대지 않았다. 조금만 더 먹어 보라고 종용했더니 무른 살구를 천천히 하나 먹었다. 마지막으로 물을 조금 마시고 양쪽 팔꿈치를 간이 책상 위에 붙이고, 좀 쉬었다가 누웠다. 엄마는 먹는 양이 너무 적었지만 같은 음식을 두세 번씩 연달아 먹지는 못했다. 음식에 대한 후각도 예민해졌다. 어떤 음식은 냄새만으로도 속에서 거부 반응을 보이기 시작했다.

따라서 나는 다음 식사를 위해 또 다른 죽을 끓였다. 다시마, 버섯, 양파를 끓여서 우려낸 물에 찹쌀죽을 만들었다. 내가 일을 하는 동안 엄마는 휴대폰 속의 유튜브로 당신이 좋아하는 목사님 설교나 성경 낭송을 들었다. 때때로 찬송가도 많이 들었다. 부엌일이 끝나고 식탁에 잠시 앉아 있자마자, 베란다에서 세탁이 끝났음을 알리는 소리가 흘러나왔다. 다 마른 빨래는 걷어내고, 세탁기에서 젖은 빨래를 꺼내어 건조대에 널었다. 여름이라 해가 길어서 빨래가 잘 마른다. 그동안 비가 몇 번 오기는 했지만 본격적인 장마가 아직 오지 않아서 다행이다.

엄마는 눕기 시작하면서 날씨와 상관없이 매일 나를 걱정하는 것 같다. 당신이 빨리 하늘나라 가야 내가 편해진다고 요 근래 입버릇처럼 말을 한다. 엄마는 원래 한 번 뱉은 말은 두 번 다시 잘하지 않는다. 따라서 아버지에게는 물론이고 우리 형제들에게도 잔소리를 거의 하지 않고 살아왔다. 이런 엄마가 나에게 자꾸 잔소리를 한다. 청소 대충해라, 밥 먹어라, 반찬 만들지 말라, 국 끓이지 말라, 그만하고 쉬어라, 일찍 가서 자라 등등. 모두가 나를 걱정하는 잔소리들이다. 사실 나는 내가 힘들다고 느끼지 못하고 있다. 엄마가 아파 누워 있어도 우리 옆에서 오래 살아 주면 좋겠다는 생각밖에 없다. 그래서 내가 할 수 있는 한 최선을 다하고 싶을 뿐이다. 요 며칠 전 내게 여러모로 도움을 많이 주는 조 권사가 한 말이 생각난다.

조 권사: 그동안 친정엄마가 모든 걸 다 해 줘서, 집사님 음식을 잘 못하잖아. 엄마 돌아가시기 전에 연습시켜서 홀로서기 잘하라고 하나님이 인도하시는 것 같아. 친정엄마도 지금 집사님이 이것저것 하는 것 보면서 마음 놓고 나중에 가실 거야. 집사님 이거는 전적으로 내 생각이야.

어찌 보면 조 권사 말이 내 상황에 딱 맞는 말일 수 있다. 믿음만이 단련과 훈련이 필요한 것이 아니라, 생활에서도 반복된 훈련과 단련을 거쳐야 훌륭한 일상이 만들어지는 것이라 생각이 든다.

새로 만든 찹쌀죽과 황태국을 끓여 국물과 함께 저녁으로 엄마에게 준비해 줬다. 오전보다는 조금 더 먹어서 마음이 흐뭇했다. 식후 엄마는 나의 부축으로 화장실에 가서 용변을 본 후, 양치질과 세수를 하고 다시 누웠다. 그리고 말했다.

> 엄마: 일어날 때 배가 당기고 무거워서 화장실을 자주 못 가겠다. 기저귀를 차야겠어. 대변은 하루나 이틀에 한 번 나오니까, 그때는 네가 부축해서 일어나면 되고.
> 나: 알았어요. 내일 기저귀 사 올게. 엄마, 또 필요한 거나 먹고 싶은 음식이 있으면 말해요. 내일 한꺼번에 사 오면 되니까.
> 엄마: 없다. 피곤할 텐데 어서 가서 자라.

나는 엄마 침대 머리맡에 살구 하나랑 체리 몇 개와 술떡을 담은 그릇과 물병을 나란히 두고 내려왔다.

꿈속에서 본 자신의 무덤 이야기 (2019. 7. 6.)

기저귀를 사들고 엄마 집에 올라갔다. 먼저 방에 가서 그릇과 물병을 확인했다. 엄마는 밤새 체리 두 알과 술떡을 조금 먹었다. 나는 방에서 나와 야채를 갈아 끓여 놓았던 죽을 냉장고에서 꺼내 데웠다. 지난밤에 먹었던 황태국도 데웠다. 조금씩 덜어서 다시 엄마 방에 들어가, 간이 책상 위에 차려 놓았다. 엄마는 힘겹게 일어나 앉아서 수저를 들었다. 기도를 잠깐 한 후 천천히 야채죽과 황태국 국물을 번갈아 먹었다. 거의 다섯 숟가락 정도를 먹고 수저를 놓았다. 그리고 좀 씻어야겠다고 하길래, 간이 책상을 치우고 부축해서 일으켜 세워 욕실로 데려가 의자에 앉혔다. 여름이지만 물을 따뜻하게 해서 머리부터 감기고, 부드러운 샤워 타월에 비누를 묻혀 몸 전체를 문지르고 깨끗이 샤워를 했다. 또한 양치질도 충분히 했다.

엄마는 침대에 걸터앉아 혼자서 새 옷을 다 입은 후 한 손으로 침대를 짚어 팔을 구부려 가면서 누웠다. 엄마는 옆에서 볼수록 내면이 강하고 똑똑한 노인네다.

엄마: 시원하고 개운하다.
나: 엄마, 이 물 새로 담았어. 마셔 봐요.

엄마는 건네준 물병을 받아 쥐고 빨대를 통해 물을 마셨다. 나는 침대 옆 의자에 앉아서 엄마에게 물었다.

나: 기저귀 사 왔는데, 지금 사용할까요?
엄마: 조금 더 있어 보자. 힘들어도 일어나 보도록 해 볼게.
나: 알았어요. 필요할 때 말해요. 얼른 채워 줄 테니까.

엄마는 나에게 잠시 더 앉아 있어 보라고 하더니, 한밤중에 꾼 꿈이 생생하다며 이야기를 해 주었다.

엄마: 내가 죽어서 관에 들어갔고 네 아버지 옆에 묻혔어. 내 영정 사진이 보이고 그 앞에 [전경호 소천 7월 24일]이라 써 있는 위패가 보였어. 그리고 묘지가 선명하게 보였는데, 잔디가 깨끗하게 무덤을 덮고 올라와 있었어. 두툼하게 올라온 무덤 한가운데 노란색 꽃이 몇 개 보이고, 그 주변에 보라색 꽃과 흰색 꽃이 조금 보였어. 아버지 묘에는 꽃이 없고 잔디만 보였어.

나: 엄마, 꽃 종류가 뭔지 알겠어요?

엄마: 몰라. 그냥 꽃잎이 작은 노란색이야. 봄꽃 같은 느낌이야. 날짜를 잘 적어 놓고 장례식 준비를 그 날짜에 맞추어 해라.

나는 이 꿈 얘기를 남편과 딸에게 먼저 했다. 남편의 반응은 이러했다.

남편: 장모님이 꾼 꿈은 사실이고, 꿈속에서 본 것을 그대로 말했다는 것도 믿는다. 그러나 꿈속에서 본 소천날짜나 노랑 꽃이 무덤 가운데 피어 있었다는 것이 예정되어 있어 그대로 일어날 것이라고는 안 믿는다. 그냥 꿈일 뿐이다. 종교적인 의미를 부여하지 마라.

나: 우리 아버지의 경우를 듣고도 그렇게 말해? 일주일 전에 죽음의 시간을 알려 주고 그대로 돌아가셨잖아.

남편: 노인네들이 아무리 똑똑하고 믿음이 좋아도 죽을 때가 되면 원래 헛것이 보이고 그러는 거다.

나: 그 헛것이 보인다는 것도 영의 세계가 있다는 증거 아니겠어. 환각제를 맞은 것도 아니고, 정신병이 있는 것도 아닌 사람이 헛것이 보이는 것도 영안이 열려야 보이지.

남편: 장모님도 니도 종교에 너무 심취해서 믿으니까 생각이나 말, 꿈까지도 편향해서 해석한다 아이가.

나: 집사 된 지 20년이 넘은 사람이 그렇게 말해? 완전 나이롱 집사, 나이롱 신자구만요.

나는 여동생에게도 전화해서 엄마 꿈 얘기를 해 주며 7월 24일을 기준으로 마음의 준비를 해야겠다고 했다. 그랬더니 여동생 반응도 남편과 거의 비슷했다.

그냥 꽃바구니가 아니네 (2019. 7. 8.)

엄마에게서 꿈 얘기를 들은 이후 내 마음이 많이 조급해졌다. 그동안 효도 한 번 제대로 해 본 기억도 없고, 이제는 효도할 시간과 여건도 되지 못한다. 엄마에 대한 안타까움과 회한, 미안함 등이 쓰나미처럼 밀려왔다. 더 늦기 전에 엄마한테 진정으로 감사표현을 하고 싶어졌다. 이제는 엄마에게 용돈도, 옷도, 장신구도, 먹을 것도 다 필요가 없다. 엄마가 세상 뜨기 전까지 보살피는 것은 당연한 일이지만, 떠난 후 내가 후회할 일이 뭘까 생각해 보니 '감사 표현'이 떠올랐다. 말로도 할 수 있지만 눈에 보이는 것으로 표현하고 싶었다. 그래서 꽃으로 엄마에 대한 존경과 사랑과 은혜와 감사를 표하고 싶었다. 엄마가 좋아하는 코스모스와 하얀색 꽃으로.

올케에게 지난밤 전화해서 오늘 아침부터 하루 종일 엄마를 돌볼 수 있겠냐고 물었더니 된다고 했다. 그 덕분에 집에서 세 식구가 오래간만에 아침을 같이 먹었다. 식후 우리는 차를 같이 타고 나섰다. 먼저 딸을 동부도서관에 내려 주고, 남편과 나는 달동 꽃도매상으로 갔다. 도매상이라 그런지 각양각색의 꽃묶음들이 보기 좋게 진열되어 있었다. 고르기 힘들 정도로 꽃이 많았다. 코스모스는 없었다. 그래서 백장미, 불두화 흰꽃송이, 치자꽃 그리고 이름도 생소한 흰 꽃 두 가지를 더 섞어서 한 아름 샀다. 도매상 아주머니가 놀랄 만큼 아름다운 흰색 꽃만 잔뜩 샀다. 남편은 눈이 튀어나올 정도로 놀란 것 같았다. 우리는 꽃을 차에 싣고 곧바로 우리 집 근처 나의 고등학교 후배가 운영하는 꽃집으로 갔다. 남편은 꽃과 나를 내려 주고는 사무실로 출근했다.

후배: 언니, 이 많은 꽃을 어디에 쓰려고요? 결혼식장에 장식할 건가요?

나: 아니, 우리 엄마에게 드리는 감사 선물이야.

후배: 꽃이 너무 많아서 이 무게를 이겨 낼 바구니가 여기 없어요. 왕골로 엮은 속이 깊은 바구니를 구해서, 속을 조금 채운 후 꽃꽂이를 해야겠어요. 시간이 좀 많이 걸려요. 다 잘라 가면서 해야 되기 때문에.

나: 알아서 예쁘게 해 줘. 언제 찾으러 올까?

후배: 오후 6시에 오세요.

나는 알았다고 인사를 하고 우리 집으로 왔다. 도착 후 빨래를 세탁기에 돌려놓고 집을 청소하기 시작했다. 집안 구석구석이 엉망이었다. 딸은 다시 수능시험을 준비하느라 날마다 도서관을 가고, 남편은 언양집 땅에 몇 가지 심어 둔 농작물 관리도 하고, 똘똘이, 단추, 복실이, 우람이라 불리는 개 네 마리 밥도 챙겨 줘야 해서 항상 바쁘다. 그러니 집 청소 좀 하라고 시킬 수도 없는 상황이었다. 남편과 딸이 알아서 밥을 먹고 다니는 것만 해도 감지덕지인 셈이다. 나는 해가 지기 전에 집안일을 끝내기 위해서 정신없이 움직이고 움직였다. 오후 5시 30분쯤 되자 집이 말끔해졌다. 나는 콜라 한 잔에 얼음을 잔뜩 넣어서 천천히 마시면서 숨도 고르고 몸도 쉬였다. 콜라가 그야말로 꿀맛이었다. 나는 정신을 차린 후, 바로 밑의 남동생에게 전화해서 우리 집 아파트 경비실 앞으로 오라고 했다. 동생은 즉시 차를 몰고 내려왔다. 우리는 후배 꽃집으로 가서 꽃꽂이 바구니를 보았다. "와우-" 하는 감탄사가 절로 나올 정도로 너무나 아름다운 대형 꽃꽂이 왕골 바구니였다.

후배: 꽃 장사하면서 흰 꽃만으로 이렇게 크고 멋진 꽃꽂이를
해 본 건 처음이에요. 사진도 여러 장 찍어놨어요. 시간 날
때 언니랑 꽃 얘기 좀 더 해요.
나: 알았어. 엄청 수고했다. 이렇게 이쁜 꽃꽂이를 나도 처음 본
다. 정말 고마워.

나는 수고비를 내 마음대로 넣어서 돈 봉투를 후배에게 건넸다.
받지 않는다고 하는 걸 반강제로 주고 왔다. 꽃바구니가 무거워서
나는 들지도 못했다. 남동생이 두 팔로 바구니를 감싸 안고 차에
실어서 엄마 집으로 올라갔다.

거실에 꽃바구니가 놓여지자 거실 전체가 환해졌다. 또한 장
미꽃과 치자꽃에서 향기도 은은히 풍겨 나왔다. 올케도 꽃바구니
를 보고 멋있다고 감탄을 했다. 꽃바구니를 문이 열려 있는 큰방
의 맞은편에 놓아서, 엄마가 화장실에 갈 때 볼 수 있도록 하였다.
배치가 끝나자 남동생은 친구 만나러 나갔고, 나는 올케랑 식탁에
앉아 저녁을 간단히 먹었다. 식후 올케가 설거지를 빨리 끝내고,
엄마랑 나에게 집에 간다고 인사를 하고는 현관문을 나섰다. 나는
데워진 죽과 콩나물국 그리고 자두랑 물을 챙겨서 엄마 방으로 가
져갔다. 엄마가 일어나 앉으려고 하고 있었다. 간이 책상을 침대

로 바싹 당겨서 음식을 차려 주자 엄마가 수저를 들고 천천히 먹기 시작했다. 엄마도 가급적 많이 먹으려고 애를 쓰는 것 같았다. 식사가 끝나자 엄마가 예상치 못한 말을 했다.

거실에 잠깐 나가서 앉을 테니까 부축해 달라고 했다. 서로 용을 써서 거실로 나와 엄마를 소파에 조심히 앉혔다. 허리 뒤에 쿠션도 잘 받쳐 주고 발아래도 받쳐 주었다. 엄마는 당연히 순백의 화려한 꽃바구니를 집중해서 보았다. 그리고 말했다.

엄마: 저렇게 이쁜 꽃은 처음 본다.
나: 엄마, 지금 내가 엄마한테 해 줄 수 있는 선물이 이것밖에 없어.
엄마: 그냥 꽃바구니가 아니네. 니 마음이 저 꽃 속에 있네.
나: …… 그동안 엄마한테 잘한 게 하나도 없네요.
엄마: 그런 소리 하지 마라. 니 도움으로 내가 하늘나라 갈 준비를 편하게 하고 있는데.
나: 엄마, 고마워요. 우리 소원이까지 키워 줘서 감사해요.

엄마는 앉아 있기 힘든 몸으로 거의 20분 동안이나 꽃을 보며 나와 짧은 대화를 나누었다. 긴 말이 없어도, 침묵 속에 꽃만 보아도 서로 마음속의 의미가 전달되었다. 신앙이 같은 모녀지간이라서 더욱 그랬던 것 같다.

⑦ 꿈속에서 보여 준 영상 편지 현숙이는 건
하나님 아버지 엄마가 아파있으며
주님나라 간곳 갔으니 주님 우리 엄마를
주님나라로 인도해 주세요
편안한 모습으로 갈수 있도록 부탁합
니다

하나님 저에게도 엄마의 사랑을
본받아 아름답고 착실함 받음은
건수 받아 에서넘어 살까 가디보렐라
〈삼 가가 를 착실히 볼듣고 즐기는 거〉
변치 않는 마음을 지키게 마주세요

주님 지는 엄마가 하루 하루 다르게 꽃잎
처럼 시들어 가는 것을 보면서 주님
품안이 얼마나 포근하고 따뜻하고
편안함을 볼수 있읍니다

주님 엄마의 삶을 살아나오며
힘찬 순가 힘들때 마다 손잡아주시고
위로해 주신 주님의 사랑에 감사드
립니다 주님저도 엄마의 사랑을
본받아 꿈보다 더 위한 밑음이
되게 마주세요 주님사랑있니다
감사 합니다 할렐루야 찬양합니다

꿈속에서 보여 준 영상편지 (2019. 7. 10.)

늘 하던 대로 아침 일찍 엄마 집에 올라갔다. 집에 들어서자 꽃 바구니에 눈이 먼저 갔다. 순백의 아름다운 꽃들이 집안을 환하게 밝히고 있는 것 같아 저절로 입가에 미소가 지어졌다.

엄마: 왔냐. 좀 앉아 봐라.
나: 엄마, 죽이라도 먼저 먹고 얘기할 것 있으면 하지 그래요?
엄마: 배 안고프다. 나중에 먹자.

내가 침대 옆에 놓여 있던 의자에 앉자, 엄마는 까만색 노트를 건네준다. 몇 달 전 우리 딸 소원이가 선물한 딱딱한 겉표지가 부착된 노트였다. 누워서도 글을 쓰기에 편한 노트라면서 엄마에게 선물했던 바로 그 노트였다. 엄마는 나를 보면서 계속 말을 이어 갔다.

엄마: 새벽녘에 화장실 갔다가 소변을 누고 돌아와, 다시 잠이 들었다. 그리고 꿈속에서 내가 하늘나라에 있고, 내 앞에 큰 화면이 있어서 쳐다보니까, 니가 흰 종이를 여러 장 들고 서 있었어. 내가 니 이름을 부르려고 하는데, 니가 울면서 '엄마에게 보내는 영상편지'라고 제목을 말하고 읽기 시작하더라. 화면에 글씨도 지나가고 있었는데 빨리 지나가서 읽지

못했어. 좀 지나 화면에서 네 모습이 사라지자 내가 눈을 떴어. 꿈이 너무 생생해서 하나님께 기도했다. "하나님, 꿈속에서 현숙이가 읽은 편지 내용이 무엇인지 좀 알려 주세요. 꿈속에서는 소리도 들리지 않고 화면에 지나가는 글도 읽을 수가 없었어요. 성령 하나님 알려 주세요." 하고.

나: 그러면 이 노트에 적힌 글이 성령님이 알려 주신 거네.

엄마: 그래. 성령님의 음성이 마음으로 들렸어. 그래서 누워서 노트를 가슴에 얹어 세워서 받아 적은 거야.

엄마가 성령님의 음성을 듣고 메모하는 것은 지금까지 살아오면서 많이 보았기 때문에 이상할 것도 신기할 것도 없었다. 하지만 이날 들은 얘기는 나로 하여금 생각을 많이 하게 했다. 믿지 않는 자들이 들으면 개꿈이라 말하겠지만, 나는 그 꿈에 어떤 의미가 담겨 있으리라 생각했다.

엄마: 한번 소리 내서 읽어 봐라. 들은 대로 적긴 했는데, 바로 적었는지 모르겠다. 뭘 적었는지도 잘 모르겠다.

나는 노트 속의 글을 보았다. 엄마 특유의 필체가 더 심하게 삐뚤삐뚤하게 보이고, 펜의 명도도 고르지가 않았다. 누워서 있는 힘을 다해 썼다는 것이 실감났다. 나는 노트 속에 있는 글을 제목까지 그대로 읽어 주었다.

나: 꿈속에서 보여 준 영상편지 현숙이 쓴 것.

　하나님 아버지, 엄마가 얼마 있으면 주님 나라 갈 것 같으니 주님, 우리 엄마를 주님 나라로 인도해 주세요. 편안한 모습으로 갈 수 있도록 부탁합니다.

　하나님, 저에게도 엄마의 신앙을 본받고 아름답고 확실한 믿음을 전수받아 예수님의 십자가의 보혈과 십자가를 확실히 붙들고 금같이 변치 않는 믿음을 지키게 해 주세요.

　주님, 저는 엄마가 하루하루 다르게 꽃잎처럼 시들어 가는 것을 보면서, 주님 품안이 얼마나 포근하고 따뜻하고 평안한지를 볼 수 있습니다.

　주님, 엄마가 삶을 살아나오며, 순간순간 힘들 때마다 손잡아 주시고 치료해 주신 주님의 사랑에 감사드립니다. 주님, 저도 엄마의 신앙을 본받아 금보다 더 귀한 믿음이 되게 해 주세요. 주님 사랑합니다, 감사합니다, 할렐루야 찬양합니다. 2019년 7월 10일

　나는 글을 읽으면서 마음이 울컥하기도 하고 놀랍기도 했다. 왜냐하면 내가 근래에 반복적으로 기도하고 있던 내용들이었기 때문이었다. 또한 엄마는 나의 기도하는 모습이나 소리를 들은 적이 없었음에도 엄마를 위한 내 기도를 똑같이 적어 놓았다. 내가 다 읽어 주자 엄마가 다시 말했다.

엄마: 꿈속에서는 니가 편지를 여러 장 들고 나와서 많이 읽고, 화면에 글도 엄청 많이 지나갔어. 그런데 성령의 음성은 이만큼만 들렸어.

나는 믿음의 눈으로 이 모든 것의 의미를 풀어 보았다.

계시록 5장 8절 말씀 중에 [~향이 가득한 금 대접을 가졌으니 이 향은 성도들의 기도들이라] 또
계시록 8장 4절 [향연이 성도의 기도와 함께 천사의 손으로부터 하나님 앞으로 올라가는지라]라는 말씀이 생각났다.

하나님의 뜻에 맞는 합당한 기도들은 금향로에 담겨 천사의 손으로부터 하나님 앞으로 올라간다는 것을 나는 또 한 번 믿게 되었다. 보이지 않는 하나님께 드리는 기도가 헛된 것이 아니라 살아 계신 하나님께서 다 듣고 계신다는 것을 엄마의 꿈을 통해 확증해 주셨다. 이 땅에서 기도를 통하여 더 큰 믿음을 세우라는 의미로 해석되었다.

그리고 이날 저녁 잠자기 전 시편 말씀을 마음판에 새겼다.

[여호와여 내 기도를 들으시고 나의 부르짖음을 주께 상달하게

하소서] 시편 102장 1절

[여호와께서 내 음성과 내 간구를 들으시므로 내가 그를 사랑하는도다]

[그의 귀를 내게 기울이셨으므로 내가 평생에 기도하리로다] 시편 116장 1절-2절

아멘-

복수가 차기 시작하다 (2019. 7. 19.)

호스피스 간호사 박 과장이 오전에 방문했다. 엄마의 몸과 심리 상태를 꼼꼼히 살펴보고 가장 불편한 점을 물었다.

엄마: 배가 아프다기보다는 무겁고 아주 불편하네요.

간호사: 복수가 차기 시작한 것 같아요. 수액을 맞으면 복수가 더 찰 수도 있지만, 안 맞으면 기력이 더 떨어지니 링거를 놓아 드릴게요. 다음 주에 병원에 가서 복수를 빼면 조금 편해질 것 같네요.

엄마: 가기가 힘들 것 같아요. 일어서지를 못하는데… 곧 하늘나라 갈 것 같기도 하고.

간호사: 어머니 상태가 그래도 양호하십니다. 힘을 내세요. 목숨을 빨리 포기하시려고 하지 마세요.

엄마: 간호 선생님도 예수 믿고 구원받으세요.

간호사: 지금 당장은 못 믿지만, 나중에 기회가 되면 생각해 볼게요. 감사합니다.

엄마 팔에 수액이 다 들어가자, 간호사는 바늘을 뽑고 수액줄과 빈 비닐팩을 정리해서 봉투에 담아 가방에 집어넣었다. 뒷정리를 깔끔하게 마무리하고 박 과장은 돌아갔다.

엄마는 약 2주 전에 꿈속에서 본 소천 날짜를 나에게 또다시 확인시키며 알아서 준비하라는 신호를 보냈다. 나 또한 엄마를 안심시키기 위해서 그동안 보거나 들어서 알게 된 것들을 조심스럽게 얘기해 주었다. 기본적인 장례식 절차는 장례식장에서 다 안내를 해 주니까 일이 닥쳐도 편하게 할 수 있다고 얘기해 주었고, 우리는 기독교식 장례 절차에 의해서 임종 예배, 입관 예배, 발인 예배, 영결식 순으로 해서 묘지에 가서 하관 예배로 마친다고 말해 주었다.

엄마: 경주 묘지 사무소에 전화해서 비용이 얼마 드는지 알아봐라.

나: 벌써 전화해서 알아보았어요. 부부 묘로 합장해야 하기 때문에 아버지 묘의 흙도 다시 갈고 잔디도 새로 입혀야 한다고 했어요. 비석도 합장용으로 다시 만들고. 그러면 비용이 얼마얼마 든다고 했어요.

엄마: 저기 거울 밑에 셋째 서랍에 장례식 비용에 쓸 현금이 있어. 카드결제는 하지 마라. 세금 공제 혜택이 있더라도 카드결제는 하지 말고 현금으로 깨끗하게 정리해라. 남는 돈은 장남인 성완이한테 줘라. 그러면 아마 성완이가 똑같이 나누어 줄 거다.

엄마는 빨대 꽂힌 물병을 쥐고 서너 번 물을 빨아 마시고는 다시 말했다.

엄마: 친척이든 교인이든 사람들한테 부담 주지 마라. 꼭 연락할 사람에게만 하고, 간단하고 검소하게 장례를 치르도록 해라.
나: 알았어요. 시킨 대로 할게요.

다른 집들도 환자가 돌아가시기 전 우리 엄마처럼 본인의 장례식에 대해서 살아생전에 얘기를 다 하고 가는지 나는 잘 모르겠다. 죽음이란 것이 예고 없이 갑자기 찾아와 주변 사람들이 황당해하면서 정신없이 장례식을 치르는 경우도 많이 봐 왔다. 그야말로 준비 없이 가는 여러 종류의 죽음을 우리네 일상 주변에서 쉽게 볼 수 있다. 나의 시아버지 경우도 그렇다. 특별히 아픈 곳도 없었다. 저녁을 드시고 마을회관 옆에 사는 친척 집에 올라가다가 교통사고를 당해 돌아가셨다. 그때 자식들의 놀람과 황당함은 이루 말할 수 없었다.

엄마가 비록 암으로 죽음을 서서히 맞이하고 있지만, 엄마는 죽음을 정면으로 받아들이고 너무나 준비를 잘하고 있다. 따라서 우리 형제들과 그 식구들 모두 큰 걱정과 두려움 없이 엄마의 죽음의 여정에 함께하고 있다.

밤낮 누워서 일상을 보내다 (2019. 7. 22.)

엄마가 기저귀를 찬 지 5일째가 되었다. 모든 일상이 누워서 이루어지고 있다. 식사도 옆으로 누워 끼니마다 죽을 세 숟가락 먹고 손바닥 반만 한 크기의 수박을 천천히 먹었다. 식사량이 지난주에 비해 또 줄었다. 그러니 몸 전체의 살이 더 빠져 보인다. 저녁 식후에는 꼭 양치질을 한다. 방수천을 먼저 깔고 물받이 대야를 입 주변에 대어주면 모로 누워서 양치질과 입헹굼을 한다. 이 방식으로 엄마는 세수도 했다. 나는 엄마의 대소변을 본 기저귀를 갈아주는 것보다 양치질을 위해서 준비하는 과정이 더 손이 많이 가고 신경이 쓰인다. 그리고 목욕 대신 물수건으로 몸을 닦아준다. 이것은 엄마와 나에게 수월하게 지나가는 행위이다. 반면에 머리감기는 가장 조심하고 집중해서 해야 하는 일이다. 먼저 머리 쪽 침대 옆에 물을 채운 물동이를 놓는다. 다음엔 뒷목에서 어깨까지 방수커버를 씌운 베개로 받치고 머리 밑에 방수천을 넓게 펴

준다. 방수천 위에 물받이 대야를 놓고, 큰 컵으로 물동이에서 물을 떠서 머리에 부어가면서 머리를 감겨 준다. 다행히도 엄마 침대가 돌 종류의 온열침대라 물이 튀어도 닦으면 되니까 편리하다. 누워서 하는 이 모든 일상들이 엄마와 내가 세상에 태어나 처음 겪는 일이지만, 어느 정도 익숙해졌다. 엄마는 내가 힘들까 봐 염려의 말을 종종 한다. 하지만 엄마가 훨씬 더 힘들게 하나하나 움직여야 하는 동작들이다. 사실 나는 엄마를 돌보는 일들이 힘든 일인지 아닌지 생각할 여유도 없다. 하루라도 좀 더 오래 살기를 바라는 마음으로 최선을 다하려고 노력 중이다. 그래서 힘들지 않다. 기분도 나쁘지 않다. 손발이 다 닳도록 고생하고 애쓰며 살아온 엄마가 안타깝기만 할 뿐이다.

그날이 지나가다 (2019. 7. 25.)

엄마가 7월 6일 꿈속에서 자신의 소천 날짜가 적혀 있던 위패를 본 것을 말했었다. 그때부터 우리 식구들은 그 날짜를 염두에 두고, 아무 일 없이 빨리 지나가기를 바랐다. 나는 23일 밤부터 25일 아침까지 엄마를 지켜보느라 거의 잠을 자지 못했다. 특히 24일 하루는 불안과 긴장감으로 심장도 뛰고 배도 평소보다 더 아팠다. 엄마도 하루 종일 별말 없이 약간 비장한 얼굴빛을 하고는 눈을 감고 조용히 죽음을 기다리는 것 같았다. 어찌되었든 시간은 지나가고 25일 아침이 되었다.

> 엄마: 내가 아직 살아 있네. 분명히 [전경호 소천 7월 24일]이라
> 는 위패를 보았는데.
> 나: 엄마, 그냥 꿈인 것 같아. 살아서 다행이야. 더 오래 살다가
> 오라는 하늘의 뜻인가 봐. 그러니까 죽을 좀 더 먹고 힘을
> 내서 살아봐요.
> 엄마: 나는 천국에 빨리 가고 싶다.

엄마는 아침으로 죽 세 숟가락, 수박 조금을 먹었다. 그리고 물
대신 얼음을 입속에서 천천히 녹여 먹으며 입마름과 갈증을 해소
했다. 나는 낮에 꽃집을 운영하는 후배 집에 갔다. 거실에 놓여 있
던 꽃들이 시들어 이미 꽃바구니를 치운 지 며칠 되었고, 새 꽃바
구니를 하고 싶었다.

> 후배: 언니, 어서 와요. 어머니는 좀 어때요.
> 나: 점점 안 좋아지고 있어. 아주 적은 소량의 죽이랑 얼음으로
> 연명을 이어가고 있어. 그렇지만 의식은 또렷하고, 말도 분
> 명히 잘해.
> 후배: 이번에도 흰 꽃바구니 하실 거예요?
> 나: 아니, 빨간 카네이션 30송이랑 빨간 열매 달린 피라칸사스
> 랑 안개꽃을 섞어서 꽃꽂이 해 줘. 방 안에 둘 거야.

후배: 언니, 지금 피라칸사스는 없구요, 도매상에도 있을지 모르겠네요.

나: 없으면 카네이션과 안개꽃으로만 예쁘게 해 줘.

후배: 알았어요. 그런데 이번에는 왜 빨간 카네이션이에요?

나: 엄마가 돌아가셔도 어버이날은 해마다 돌아올 거잖아. 그때마다 엄마도 생각나겠지만, 꽃을 달아드릴 수 없는 아쉬움도 클 것 같아서. 엄마 살아 계실 때 한꺼번에 꽃을 달아주고 싶은 심정이야.

후배: 아하, 그렇군요. 언니, 오후 6시에 어머니 집으로 배달해 드릴게요.

나는 꽃바구니 주문을 해 놓고, 엄마 집으로 다시 올라왔다.

엄마는 휴대폰 유튜브를 통해서 당신이 좋아하는 목사님 설교를 듣고 있었다. 나는 식탁에 앉아 밥을 먹었다. 긴장이 풀려서인지 입맛이 돌아왔다. 식후 죽을 끓이기 시작했다. 하얀 찹쌀죽이다. 엄마는 이제 다른 죽은 입에 대지도 않는다. 속에서 받지도 않지만, 음식 냄새에 더욱 민감해졌다. 다 된 죽을 작은 그릇에 조금 떠서 식히는 동안 후배가 꽃바구니를 가져왔다. 후배는 꽃값을 받고는 금방 갔다. 이번에도 정성껏 만들어 온 꽃바구니였다. 피라칸사스는 아니었지만, 빨간 열매가 달린 초록 나뭇가지와 빨간 카네이션과 안개꽃으로 장식한 아름다운 꽃바구니였다. 나는 엄마

방으로 그것을 들고 들어갔다. 엄마 침대 발치에 위치한 작은 화장대 위에 놓았다. 엄마가 눈만 뜨면 거의 정면으로 볼 수 있다.

엄마: 또 웬 꽃이냐?
나: 살아 있음에 감사한 꽃 선물이야. 빨간 꽃을 보면 힘이 좀 날까 싶어서.
엄마: 생명의 힘은 하나님 말씀에서 오는 거지, 꽃에서 오는 게 아니야. 빨간 카네이션을 많이도 샀네. 이쁘네.
나: 이 꽃도 내 마음의 선물이야.

엄마는 저녁으로 식힌 찹쌀죽을 세 숟가락 먹고 얼음을 하나 입 속에 녹여서 삼켰다. 나는 설거지를 끝내고 엄마가 양치질을 할 수 있도록 도와주었다. 그리고 기저귀를 갈아주고 손이 닿는 머리맡에 술떡이랑 작은 수박 조각 2개, 얼음, 물병을 잘 놓아주었다.

엄마: 오늘은 집에 가서 푹 자고 내일 아침 늦게 와라.
나: 한밤중에라도 무슨 일이 있으면 전화해요.

하루 일과를 끝내고 집으로 내려왔다.

※ 추가 설명: 2019년 8월 26일 아침 발인 예배를 드리고 경주 묘지로 갔다. 도착 후 사무실에 먼저 들러서 계약 서류 몇 가지를 작

성하던 중 아버지, 어머니 사망일을 음력으로 하느냐 양력으로 하느냐를 놓고 얘기하다가 나는 내 귀를 의심할 정도로 깜짝 놀랐다.

나: 아버지 기일을 지금까지 음력 4월 8일로 지내왔으니까 그대로 해 주세요.

남동생: 부부 묘이니까 우리 어머니 사망일도 음력으로 비석에 새겨 주십시오.

담당 직원: 사망일이 양력 8월 24일 토요일이네요. 그러면 음력으로 7월 24일입니다.

나: 예에-? 아저씨 다시 한번 더 말씀해 주실래요?

직원이 달력 책자를 손으로 짚으며 보여 주면서 말했다.

담당 직원: 올해 양력 8월 24일은 음력으로 7월 24일입니다.

어머나 세상에! 엄마가 꿈속에서 [전경호 소천 7월 24일]이라는 위패를 본 것이 사실로 확인된 순간이었다. 엄마는 양력인지 음력인지 모르고 보이는 대로 말한 것이고, 우리들은 양력 달력만 보면서 7월 24일이 지나자 개꿈으로 판단했던 것이다.

집에서 자연사하고 싶다 (2019. 7. 26.)

장마가 끝나서인지 날씨가 무척 더워졌다. 누워 지내야 하는 엄마에게 있어서 주의해서 살펴야 할 일이 바로 욕창이 생기지 않도록 하는 일이다. 한여름이지만 엄마 침대 온도는 늘 40도이다. 병 때문인지 원래 냉체질인지는 모르겠지만 덥다고 하지 않는다. 양말까지 신고 잔다. 아직까지는 피부 어디에도 짓무른 곳이 하나도 없다. 복수가 차서 배가 부르고 불편함에도 왼쪽 오른쪽 자주 번갈아가며 옆으로 눕는다. 또 바로 누워 있을 때에도 기저귀를 자주 갈아서 등과 엉덩이에 바람이 들어가니 욕창이 생기지 않은 것 같다. 게다가 아파트 앞쪽에는 멀리 바다가 있고, 뒤쪽에는 산이 있어서 양쪽에 창문을 좀 열어 두면 맞바람이 쳐서 집안이 시원하다. 엄마 방도 환기가 잘되어서 냄새가 나지 않아 다행이다.

식사량이 또 줄어들고 있다. 이제는 물도 거의 마시지 않고 얼음을 입속에서 천천히 녹여 삼키고 있다. 눈은 더 움푹하게 꺼져 가고, 볼살이 빠지다 보니까 입 주변의 치골이 더 튀어나와 보인다. 병세가 진행되고 점점 더 약해지는 모습을 보면 마음이 아프고 눈물이 난다. 내가 어떻게 할 수 없는 상황이라 더욱 그렇다.

나: 엄마, 병원 가서 복수도 빼고 영양제를 계속 맞고 있으면 어떨까요?

엄마: 싫다. 나는 집에서 자연사하고 싶다. 몸은 불편하지만 나

는 지금 마음은 행복하다. 똥오줌 싸고 누워 있는 나를 자식들이나 손주들이 싫어하지 않고 챙겨 주지, 김 서방, 박 서방도 착한 사위들이고, 너는 나를 위해 늘 기도하고, 우리 이쁜 소원이는 올 때마다 발 다리를 안마해 주고 편하게 자게 해 주지…

나: 병원에 입원해도 우리는 집에서 하는 거랑 똑같이 할 텐데…

하루의 일과가 끝나고 엄마가 잠잘 시간이 되었다. 나는 엄마의 발과 다리를 마지막으로 안마해 주고 집으로 내려왔다.

모든 일에 때가 있다 (2019. 8. 1.)

오전에 링거를 맞고, 점심으로 죽을 세 숟가락 먹어서 그런지 엄마 목소리가 조금 힘 있게 들렸다. 엄마 발치에 놓여 있는 빨간색 카네이션 꽃바구니도 엄마 눈을 심심하지 않게 해 주는 것 같았다. 내가 엄마 침대 옆 의자에 앉자, 엄마가 지난밤 들었던 전도서 내용을 바탕으로 이야기를 했다.

엄마: [하나님이 인생들에게 노고를 주사 애쓰게 하신 것을 내가 보았노라]라고 솔로몬이 말한 것처럼 내 인생의 절반 이상을 애쓰며 살아온 것 같다. 각 시기마다 해야 할 일들이

파도처럼 밀려오고 빠져나가고 했어. 그때마다 하나님의 도움을 구하며 선한 방법으로 하나하나 매듭을 지으며 살아왔어.

나: 특히 성격 별난 아버지 비위 맞추며 산 세월이 힘들었다고 엄마가 여러 번 말했잖아.

엄마: 그래, 그때 참 힘들었지. 하지만 네 아버지가 참 고맙기도 했어. 가장으로서 책임감은 철두철미해서 몸이 부서지도록 열심히 일을 했어.

나: 그런 면에서는 엄마도 마찬가지야.

엄마: 네 아버지와 내가 수고로움을 통하여 돈을 벌고, 그 돈으로 너희들을 먹이고, 교육 시키고, 결혼시킨 그 시기마다 애를 썼지만, 기쁨과 행복 또한 같이 했으니 그 또한 하나님의 선물이었음을 이제 나는 알겠다. 봄, 여름, 가을, 겨울 계절마다 색깔이 다르고 온도가 다르지만, 반복해서 돌아오듯이 인생도 그런 것 같다. 삶의 각 시기마다 힘든 일, 쉬운 일, 싫은 일, 좋은 일, 괴로운 일 등 번갈아 찾아오면서 인생의 시간이 흘러왔어.

나: 엄마, 내 인생도 별반 다르지 않아. 엄마가 겪어 온 삶의 강도는 나의 삶과는 다르지만 크고 작은 환난과 고통이 때때로 찾아와. 나도 그때마다 기도로 하나님께 도움을 구하면서 살아오고 있어.

엄마: 그래야지. 힘들어도 하나님이 주시는 평안을 맛보며 살아

야지. 전도서 3장 1절 말씀에 [범사에 기한이 있고 천하만사가 다 때가 있나니]라고 쓰여 있듯이 모든 일에 때가 있다.

내가 예수님을 만날 때가 있었고, 믿음을 세울 때가 있었고, 도움을 받을 때도 있었고, 도움을 베풀 때도 있었어. 또한 울 때도 있었고, 웃을 때도 많았지.

나: 엄마 노후는 부요하고 평온하게 지내온 것 같아. 내 노후도 엄마 정도만 되면 훌륭한 인생이라고 생각해요.

엄마: 이제 나는 하나님이 허락하신 생명의 기한이 다 찼고, 몸은 흙으로 영은 하늘나라로 갈 때가 온 거야. 그리고 너는 이제 기도할 때가 되었고. 동생들과 조카들의 완전한 구원을 위해서 상한 심령으로 기도해라.

나: 알았어요. 끝까지 기도할게요.

엄마는 목이 마르고 좀 힘들었는지 조금 녹은 얼음을 입속에 넣고 아름다운 꽃바구니를 쳐다보면서 숨을 고르는 것 같았다. 얼음물을 다 삼킨 후 다시 말을 꺼냈다.

엄마: 내 쪽으로 더 가까이 앉아 봐라. 손을 대고 기도해 주는 것도 마지막이 될 것 같다.

엄마는 처음에는 나의 가슴 쪽에 손을 얹어 기도하다가 다음엔 배에 손을 얹어 기도했다. 나의 늘 아픈 배를 위해 기도할 때는 방언으로 기도했다. 그런데 작년 12월에 들었던 방언기도와 오늘 들었던 방언기도가 그 패턴과 높낮이에 있어서 많이 달랐다. 그 뜻을 내가 전혀 알지는 못했지만, 그 기도소리는 내 마음과 영혼에 스며드는 것 같았다. 나도 모르게 눈물이 주르륵 흘러내렸다. 엄마는 마지막에 우리말로 이렇게 기도했다.

엄마: 하나님 아버지, 우리 현숙이 아픈 곳 제가 다 가지고 가겠습니다. 이 땅에서 사는 동안 병원 갈 일 없게 해 주세요. 또한 제 자녀들 성완이, 성종이, 현주 그리고 사랑하는 며느리와 사위, 손주들의 남은 생애를 주님께 다 맡깁니다. 주님께서 끝까지 확실하게 책임져 주세요. 모두가 건강하고 넉넉한 노후를 보내고, 먼 훗날 천국에서 다 만나게 해 주세요. 하나님 아버지께서 그리하여 주실 것을 온전히 믿습니다. 하나님 감사합니다. 예수님 감사합니다. 성령님 감사합니다. 이 모든 간구를 우리를 죄에서 구원하신 예수님 이름으로 기도드립니다. -아멘-

7

영원한 안식처로 이사 갑니다

결국 병원으로 가다 (2019. 8. 8.)

새벽 4시쯤 엄마랑 같이 사는 남동생에게서 전화가 왔다. 엄마가 자꾸 토하는데 병원에 가야 할 것 같다는 내용이었다. 나는 잠자던 남편과 딸을 깨워서 상황을 간단히 얘기하고 얼른 챙겨서 집을 나섰다. 마음이 급하니까 다리가 후들거렸다. 정신없이 걷다 보니 엄마 집에 곧 도착했다. 남동생이 엄마를 지켜보고 있었다.

나: 언제부터 토했는데?

남동생: 정확히는 잘 모르겠고 화장실 가려고 깨면서 토하는 소리를 들었어.

나: 엄마, 지금도 토할 것 같아?

엄마: 다 토했는지 좀 괜찮아졌다.

나: 엄마, 이제는 병원에 가야겠어. 그런데 아침까지 참을 수 있
    겠어요? 엄마가 걸을 수도 없고, 차에 앉아서 갈 수 없잖아.
    누운 채로 아파트 계단을 내려가려면 119나 응급 구급차를
    불러서 가야 해. 날이 밝아야 갈 수 있어.

엄마: 알았다.

나는 엄마를 입원시키기 위해 필요한 물건들을 거실 한가운데
모았다. 부피가 큰 기저귀를 비롯해서 양말, 물병, 휴지, 연고, 수
건, 치약, 칫솔, 비누, 작은 대야 등등. 큰 비닐쇼핑백 두 개에 모
두 챙겨 넣고, 엄마 침대 머리맡에 있던 노트, 펜, 성경책도 마지막
으로 챙겨 넣었다. 정리를 다 끝낸 후 엄마 옷도 갈아입히고 집에
서의 마지막 양치질도 도왔다. 희뿌연 새벽이 걷히고 날이 밝아졌
다. 남에게 전화하기에는 너무 이른 아침이었지만, 실례를 무릅쓰
고 호스피스 간호사 박 과장에게 전화를 했다. 엄마의 상태를 설
명하고 어떻게 입원해야 할지에 대해서 문의했다.

박 과장: 제가 병원에 출근해서 곧장 입원실로 갈 수 있도록 알
    아볼게요. 입원실까지 이송해 줄 사설 응급구조차량도 알
    아보고 9시쯤 연락을 다시 드릴게요.

나: 예, 알겠습니다.

엄마는 반듯하게 누운 채로 엄마와 세월을 같이해 온 방 안의

물건들을 천천히 보면서 모든 미련을 떨쳐 버린 듯한 눈빛을 하고 있었다. 이제 집을 나서면 돌아올 수 없음을 엄마는 분명히 인식하고 있었다. 죽음을 향한 마음의 정리도 이미 끝낸 상태라 당황해하거나 불안해하지 않으셨다. 오히려 허둥대며 안절부절못하는 나를 안심시켰다. 시간이 흘러 박 과장으로부터 전화가 왔다.

입원할 병동과 호실을 알려 주었고, 사설응급구조차량 번호도 알려 주었다. 나는 즉시 전달받은 전화번호로 전화를 걸었다. 그쪽에서는 엄마의 나이와 현재의 상태를 자세히 물었다. 그리고는 장비를 잘 챙겨서 10시 30분에 도착한다고 말했다.

나는 남동생과 한 번 더 가져갈 물건들을 점검하면서 기다렸다. 그동안 나는 베란다에 서서 바깥을 보며 계속 울었다. 엄마의 죽음이 우리 집안에 성큼 다가왔다는 사실이 두렵고 막막했다. 집에서 자연사하겠다고 버티던 마음을 접고 병원으로 가기로 결정한 엄마의 심정은 오죽할까 싶어 마음이 울컥울컥 진정이 되지 않았다. 내가 다시 방에 들어갔을 때 엄마는 발치에 놓여 있는 빨간색 카네이션 꽃바구니를 쳐다보고 있었다.

엄마: 차가 언제 오나?

나: 한 20분 남았어요. 엄마, 속은 좀 어때?

엄마: 괜찮다. 저 꽃들이 아직도 싱싱하게 예쁘네.

초인종이 울려서 문을 열어 주니, 젊은 남자 2명이 의료용 들것

침대를 들고 집 안으로 들어왔다. 그들은 엄마에게 인사를 공손히 했다. 그리고 계단용 들것에 담요를 깔고 엄마를 그 위에 조심히 눕혔다. 또한 목 뒷덜미에는 낮은 베개도 받쳐 주었다. 마지막으로 얇은 천을 가슴에서 발목까지 덮고는 몸을 고정시키기 위해 양쪽으로 벨트를 걸었다. 떠날 준비가 다 되자 구조직원이 물었다.

구조직원: 어머니, 불편하신 곳이 있으세요?
엄마: 아뇨.
구조직원: 계단 내려갈 때도 불편하시면 말씀하세요.

남동생이 가방 두 개를 들고 먼저 엘리베이터를 타고 내려갔다. 구조 직원 2명이 "출발합니다."라고 말한 후 양쪽에서 들 것을 잡고 계단을 내려가기 시작했다. 나도 가방 하나를 메고 따라 내려갔다. 한여름이라 무척 더웠다. 아파트 계단 통로는 바람이 거의 들어오지 않았다. 11층에서 내려가는 것이 쉽지는 않았다. 계단 모서리를 돌 때마다 엄마가 어지러워하거나 토할까 봐 계속 걱정이 되었다. 괜찮냐고 몇 번을 물어봐도 엄마는 괜찮다고 말했다. 내가 볼 때 괜찮은 것이 아니라 엄마가 잘 참아내고 있는 것 같았다. 1층에 도착하니 차가 대기하고 있었고, 동생은 벌써 내려와 가방을 차에 실어 두고 구급차를 따라갈 준비를 하고 있었다.

구급차에 엄마 들것이 실리고, 나도 보호자석에 앉아 엄마를 지켜보면서 같이 갈 수 있었다. 울산대병원에 곧 도착했다. 병원 입구에서 바퀴 달린 침대에 그대로 옮겨 입원실까지 올라갔다. 그 구조직원들은 엄마를 입원실 침대에 잘 눕혀 드렸다. 나는 비용을 지불하고 땀 흘리며 수고하신 것에 대해서 거듭 감사의 인사를 했다. 그들 또한 고맙다는 인사를 하고는 병실을 떠났다. 엄마 옆에서 가방을 챙기던 동생이 말했다.

남동생: 더 필요한 것이 있으면 전화해. 퇴근 후에 가져올게.
나: 이제 내가 알아서 할 테니까, 어서 회사에 출근해라.

동생은 회사에 출근하느라 곧장 나갔다. 나는 짐을 풀고 정리했다. 엄마도 환자복으로 갈아입히고, 스마트폰도 다시 켜서 엄마가 쓸 수 있게 해서 줬다. 호스피스 간호사 박 과장의 도움으로 입원 절차가 수월하게 끝났다. 점심시간이 되기 전에 엄마 팔에 링거가 꽂혔다. 젊은 여자 의사가 엄마에게 직접 이것저것 물어보았다. 엄마의 상태를 살피는 것 같았다. 그리고 나는 업무데스크에 가서 엄마의 일주일간의 식사 상태, 몸 상태 등에 대해 자세히 설명을 해 주었다.

저녁쯤 되었을 때 엄마도 나도 안정이 되었다.

병원 생활이 다시 시작되었다.

간호 통합 92병동 (2019. 8. 9.-8. 15.)

2019. 8. 9.

이튿날이 되었다. 아침 식사 시간이 끝난 직후 주임 간호사와 입원 첫날 들어왔던 여의사가 엄마 침대로 걸어왔다.

여의사: 연명치료 거부신청(중단 신청서 아님)은 본인확인의사
　　　와 서명이 필요합니다. 보호자 확인 서명도 필요하고요.
엄마, 나: 예.
주임 간호사: 응급상황이 오더라도 심폐소생술, 인공호흡기, 혈
　　　액상승제, 항암제투여 튜브 삽관 시술 등을 실시하지 않는
　　　다는 데에 동의하시는 거지요?
엄마, 나: 예.
주임 간호사: 두 분 여기에 사인해 주세요.

엄마와 나는 신청서 아래쪽에 서명을 했다.

여의사: 기본적인 수액과 알부민 그리고 통증완화제 정도를 가
　　　지고 치료하겠습니다.

모든 입원 서류가 완전해졌고, 치료방향까지 결정이 끝났다.
어제와는 달리 오늘은 병실에 누워 있는 환자들이 한 명씩 눈에

들어왔다. 엄마가 들어와서 6인실이 다 채워진 방이었다. 엄마가 한국 나이로 80세, 맞은편에 누워 계신 분이 84세 나머지 4분은 70대 환자들이었다. 병명은 모두가 암이었다. 엄마를 포함해 대장암 3명, 위암, 췌장암, 간암 이런 환자들이 누워 있는 병실이었다. 사람이 늙으면 거의 암으로 세상을 뜬다는 것이 실감 났다. 이 병실은 참 조용했다. 간호 통합 병동이라서 그런지 보호자들의 출입도 북적대지 않았다. 환자들의 모든 수발이 간호사와 병원 소속 요양사들에 의해서 24시간 돌아가니까 보호자들이 하루 종일 환자 옆에 앉아 있거나, 간이침대에서 잠을 자지는 않았다. 나도 시간 활용에 여유가 조금 생겼다. 낮에 집에 와서 청소도 하고 은행 볼 일도 해결하고 병원에 와도 마음이 놓였다.

엄마 침대가 창가 옆이라서, 저녁에 커튼을 올리자 까만 하늘속에 별과 달이 보였다. 엄마도 그런 광경을 볼 수 있었다. 엄마가 병의 고통 중에 있을지라도 밤하늘의 별과 달을 보며 창조주 하나님을 생각하는 그 여유는 믿음이 아니고는 설명할 길이 없다.

2019. 8. 12.

아침이 밝았다. 제일 먼저 엄마 기저귀를 갈아 주고 나도 샤워를 했다. 샤워장에서 내가 썼던 수건 2개를 깨끗이 빨아서 병실에 가져왔다. 그것으로 엄마 얼굴이랑 두 발을 닦아 주었다.

아침 회진 시간에 담당 의사가 아닌 아주 젊은 새 얼굴의 의사가 들어왔다. 딱 보기에 레지던트 같았다. 옆에 간호사도 없이 도구 몇 가지를 들고 혼자 들어왔다. 엄마 이름과 나이 등을 확인하고 배에 찬 복수를 빼겠다고 했다. 나는 엄마 배가 잘 드러나도록 상의 가운을 잘 걷어 위로 말아 올렸다. 그리고 물었다.

나: 복수 빼는 거 많이 해 보셨나요?
레지던트: 지금까지 열 번 정도는 해 봤어요. 한 번 실수하고 다 성공했어요. 걱정하지 마세요. 잘 찾아서 바늘을 꽂을게요.
나: 예, 잘 부탁합니다.
레지던트: 배꼽을 중심으로 제 손을 펴서 한 뼘 아래로 이렇게 기울어진 이곳이 정확합니다.

레지던트는 시연을 하면서 친절히 설명까지 해 주며 굵은 바늘을 배에 꽂았다. 맑고 약간 누런 끼가 보이는 복수가 고무 튜브를 타고 플라스틱 통에 흘러내렸다. 복수가 다 나올 때까지 레지던트는 실수했을 때의 이야기를 해 주면서 서로 웃었다. 그 레지던트는 성격까지 좋아서 나중에 실력과 인기까지 겸비한 의사가 될 것 같다.

나: 배가 확실히 꺼져 보이네요.
레지던트: 약 2L 정도가 나왔어요. 많이 나왔네요.
엄마: 배가 가벼워진 느낌이네. 앉을 수 있을 것 같다.

레지던트가 시술한 도구들을 모두 거두어 나가자, 엄마와 나는 계속 대화를 했다.

나: 복수가 차서 그동안 앉지도 서지도 못했나 보네.
엄마: 배가 빵빵하고 무겁고 통증도 있고 해서 못 앉았지.

점심시간이 되었다. 침대 상체 레버를 천천히 돌려서 엄마가 앉을 수 있도록 해 보았다. 엄마가 참 오랜만에 앉았다. 그래서인지 약간 어지럽다고 했다. 허리에 베개를 잘 받쳐서 배에 무리가 덜 가게 해 주었다. 그리고 식탁을 펴서 죽과 미역국을 차려 주었다. 거의 일주일 만에 엄마가 죽을 몇 숟가락 먹고는 미역 국물도 조금 먹었다. 수액을 통해 약이 들어가서인지 속이 울렁거리지는 않는다고 했다.

나는 하나님께 기적이 일어나기를 기도했다. 이대로 좋아져서 퇴원하면 얼마나 좋을까 하는 기대감으로 저녁에도 죽을 드시라고 종용했다. 하지만 엄마는 한 술도 뜨지 않고 얼음만 녹여서 삼켰다.

2019. 8. 13.
지난밤 병실 입구 쪽에 있던 76세 위암 할머니가 통증으로 밤새 앓는 소리를 내었다. 날이 밝아지면서 조용해졌고 오전에 좀 더 센 통증완화제 주사를 맞았다. 그런데 오후 늦은 시간 다시 통증을 호소하는 소리가 나자 그 할머니의 침대가 옮겨졌다. 아마도 호스피스 93병동이나 1인실(임종실)로 간 것 같다. 아직 상태가 양호하고 의식이 멀쩡한 엄마는 밤새 그 소리를 다 들었다. 엄마도 나도 암 환자가 그렇게 심하게 고통을 호소하는 경우는 처음 보았다.

옛날에 아버지도 간암과 폐암 합병증으로 돌아가셨지만, 집에서 자연사할 때까지 큰 통증을 호소하지는 않았다. 아픔을 참고 인내하셨겠지만 지난밤 위암 할머니와 같은 통증 호소는 없었다. 엄마도 아직까지는 배가 심하게 아프다고는 하지 않았다. 몸에 힘이 하나도 없고 그냥 불편하다고만 했다. 엄마 역시 고통을 잘 참는 사람이라 그럴 수 있다. 사실 나는 밤새 겁이 났다. 막판에 엄마도 그렇게 큰 통증으로 고생하면 어쩌나 하는 마음으로. 엄마도 밤새 어떤 생각이 있었나 보다.

엄마: 현숙아, 내가 고통 없이 빨리 천국 가도록 기도 많이 해라.

나의 속마음은 기적이 일어나 엄마가 낫기를 바라지만, 일단 그러겠다고 대답은 했다. 엄마는 또 조용히 몇 마디를 하셨다.

엄마는 병원 요양사들의 짧은 수발을 불편해했다. 나보다 훨씬 능숙하게 대소변의 뒤처리를 하고 몸을 닦아 주었지만 그것이 불

144

편하다고 했다. 평생 부지런히 움직이고 남을 배려하는 습관이 몸에 배인 사람인지라 도움의 손길을 받는 것이 어색했나 보다. 비록 나의 수발이 좀 어눌해도 엄마는 딸의 손길을 가장 편하게 느끼고 있는 것 같다.

세월이 약이다 (2019. 8. 14.)

엄마가 입원을 한 후 동생들이 식구들과 함께 자주 병문안을 오고 있다. 이때마다 엄마는 당신의 자녀들과 손자들의 얼굴을 자세히 본다. 서로 긴 말은 하지 않지만 부모 자식 간의 애틋함과 안타까움이 교차하는 것을 느낀다. 특히 손자들의 얼굴을 볼 때는 엄마의 목소리에 힘이 더 들어가 있다. 엄마는 당신의 직계 가족 뿐만 아니라 자신을 둘러싼 모든 친척에게도 하나님의 사랑을 베풀며 살아왔다.

오늘 낮에 경기도 안산에 사시는 작은 외숙모가 찾아오셨다. 엄마를 보자 눈물을 흘리면서 이것저것 쏟아내는 말이 절반은 내가 아는 것이고 절반은 모르는 얘기였다. 결론은 엄마한테 미안하고 고맙다는 것이었다. 병실을 떠나기 전에는 엄마 손을 꼭 잡고 "형님, 사랑해요. 꼭 일어나세요."라고 말했다. 그리고 나에게 수고가 많다며 흰 봉투를 주고는 가 버렸다.

나는 한때 이 외숙모를 참 미워했다. 왜냐하면 우리 엄마를 따따블로 고생시킨 여자라 생각했기 때문이다. 지금으로부터 약 36년 전 작은 외숙모는 바람이 나서 외삼촌과 이혼을 했다. 그때 외삼촌의 자녀는 초등학교 6학년, 4학년 두 형제가 있었다. 외삼촌은 사내아이들을 키우며 일 다니는 것이 힘들었다. 그러다보니 결국은 그들을 챙기는 것이 엄마의 몫이 되었다. 외삼촌 집의 이불호청 뜯어서 빨고 꿰매는 일뿐만 아니라, 조카들 목욕시키고 반찬 만들어 냉장고 채워 주는 등 거의 두 집 살림을 했다. 게다가 둘째 조카가 고등학교 졸업 후 아파서, 근 일 년을 데리고 있으면서 보살펴 주었다. 그 조카는 엄마의 보살핌과 기도 덕분에 몸과 마음이 회복되어 안산 외숙모 집으로 갔다. 그 후에도 엄마는 조카들을 위해서 기도하고, 이혼한 작은외삼촌과 외숙모가 재결합하도록 오랫동안 기도했다. 외삼촌과 함께 살던 큰 조카는 엄마로 인해 예수님을 믿는 크리스천이 되었다. 지금은 결혼해서 안산에서 잘살고 있다. 엄마가 집에 있을 때 큰조카가 자기 부인을 데리고 몇 번 왔었다. 큰조카는 아픈 엄마를 보고 눈시울을 붉히며 말을 제대로 잇지 못했다.

"고모, 저에게는 이 세상에서 가장 고마우신 분이세요."라며 인사를 하곤 했었다.

세월이 약이라는 말이 있듯이 30년이 넘게 이혼 상태에 있던 그분들이 엄마가 수술하기 일 년 전에 서류상 재결합을 했다. 그리고 살림을 합치기 위해서 외삼촌이 울산에서 직장을 다니며 부동산을 정리하고 있다. 엄마의 바람대로 작은외삼촌의 가정이 회복되었다. 그 중심에는 엄마의 역할이 아주 컸다. 바람나서 집 나간 올케조차 하나님 사랑으로 품고 오랜 세월 기도했다. 나는 처음에 그런 엄마의 모습을 보고 기가 차서 웃었다. 하지만 지금은 모든 게 이해가 된다. 또한 미워했던 마음도 없어졌다. 그래서 안산에서 내려온 외숙모의 방문이 진심으로 고마웠다.

호스피스 93병동 (2019. 8. 16.)

오전에 엄마는 호스피스 93병동으로 옮겨졌다. 겉보기에는 어제나 오늘이나 별 차이가 없어 보이지만 의학적인 관점에서는 차이가 있는가 보다. 호스피스 93병동은 생명의 끝자락을 지나고 있는 환자분들이 머무는 병동이다. 그래서인지 바로 옆에 1인실(임종실)이 붙어 있다. 호스피스 병실은 분위기가 일반 입원실과는 좀 달라 보였다. 창문틀 선반에는 작은 꽃 화분도 있고 손으로 만든 공예품도 있었다. 각자 침대 옆 선반에도 환자와 가족이 찍힌 사진을 예쁘게 장식한 종이 액자도 놓여 있었다. 죽음과 연민이 깔려 있는 병실이지만, 마지막 남은 삶에 아름다운 시간을 만들어 주고자 하는 호스피스 병동의 특별활동인 것 같다.

병실을 옮기기 전 특별히 부탁한 것도 아닌데 엄마의 침대는 또 창가 옆에 배치되었다. 엄마가 대부분의 시간을 눈을 감고 누워 있지만, 때때로 창문을 통해 바깥풍경을 볼 수 있어 덜 갑갑할 것 같다. 이곳도 6인실이다. 엄마 맞은편 침대 2개가 오전에는 비어 있었다. 비어 있는 침대는 하루나 이틀 전에 죽음을 맞아 떠났다는 의미이다.

점심시간이 지나자 비어 있던 침대 두 개에 새로운 환자분으로 채워졌다, 호스피스 병동은 환자의 이동이 긴박하게 이루어지는 것 같다.

엄마는 나흘 전 복수를 뺀 날 죽 몇 숟가락을 먹은 이후 물과 얼음 외에는 아무것도 먹지 못하고 있다. 오로지 수액과 약한 진통제만 맞고 있다. 입마름이 더 심해져서 혀 표면이 까칠하게 굳어가고 있다. 부드럽게 하는 연고를 자주 발라 줘도 계속 진행 중이다. 그래서 엄마의 말 수가 급격히 줄어들었다. 저녁에 장남인 남동생이 왔을 때 엄마는 말을 하지 않고 노트에 적어서 나에게 주면서 읽어 주라는 표시를 했다.

[휴가는 잘 보냈나. 회사 빠지지 말고 잘 다녀라.]
동생은 엄마가 쓴 글에 대답을 했고 아무 걱정하지 말라고 말했다.

2019. 8. 17.

새벽 3시쯤부터 옆방 1인실에서 고통을 호소하는 남자 목소리가 들렸다. 나는 궁금해져서 조용히 일어나 복도로 나가보았다. 나이트(night) 근무를 하는 간호사 몇 명과 호스피스 담당 의사가 데스크에 얼굴이 굳은 표정으로 앉아 있었다. 1인실로 가까이 가보니 조금 열린 문틈으로 헉헉대는 고통의 소리가 더욱 커졌다.

그 환자분 주변에 가족들이 울면서 앉아 있었다. 힘든 죽음의 사선을 넘고 있는 그 환자를 지켜보는 식구들의 심정은 얼마나 비통하겠는가.

　나는 방으로 돌아와 간이침대에 다시 누웠지만 잠이 오지 않았다. 엄마의 죽음도 먼 일이 아니고 눈앞에 닥쳐오는 현실임을 깨닫게 되었다. 뒤척거리며 새벽을 보내고 이른 아침에 잠이 들었다. 몇 시간을 잤는지는 모르겠고 덜커덩대는 소리와 사람 소리에 잠이 깼다. 엄마 바로 옆 침대에 누워 있던 할머니가 1인실로 옮겨지고 있었다. 가족들이 짐을 챙기느라 부산하였다. 엄마도 눈을 떠서 일어난 상황들을 끝까지 지켜보았다.

　잠시 뒤 청소 담당 아주머니와 재능기부 봉사자들이 연이어 들어와 각자 할 일들을 열심히 했다. 주말이라서 봉사자들이 더 많이 들어왔다. 카메라를 맨 한 젊은 남자가 우리에게 와서 사진을 찍어 주겠다고 했다. 엄마는 거절하지 않고 승낙했고, 누워 있는 엄마와 앉아 있는 내 모습이 찍혔다. 다음엔 중년의 모습을 한 남자 두 분이 수건과 크림통을 들고 왔다. 발 마사지를 하시는 분들이었다. 이 또한 엄마에게 승낙을 구하고 이루어졌다. 힘의 세기를 엄마에게 확인해 가며 아프지 않게 발에서 무릎까지 성의껏 마사지를 해 주었다. 엄마의 표정도 시원해하는 것 같았다. 다 끝나자 엄마는 그대로 잠이 들었다. 나는 두 분께 감사하다고 인사를 드렸고 침대 옆에 쌓여 있던 음료수 한 박스를 드렸다. 그분들은 또 다른 병실로 봉사하기 위해 가셨다. 또 다른 봉사자들이 들어왔지만 모두 거절하고 엄마를 푹 자도록 그대로 두었다.

2019. 8. 18.

오늘은 엄마 신체에 변화가 있는 것을 알게 되었다. 수액은 그
대로 들어가는데, 오줌의 양이 줄어들었다. 물과 얼음을 먹는 양
이 줄어서 그런지는 모르겠다. 간호사가 정확한 오줌의 양을 측
정하기 위해서 튜브를 삽입하는 것을 권했지만, 엄마가 거절했다.
그래서 기저귀를 갈 때마다 무게를 측정해서 기록했다.

오늘도 오전부터 여러 봉사 단체들이 와서 도움의 손길을 베풀
고 갔다. 오전에 엄마는 발, 다리 마사지를 어제와 동일한 봉사자
로부터 또 받았다. 오후엔 4명의 중년 부인으로 구성된 봉사자들
이 커다란 기구들을 밀고 들어와 엄마의 승낙하에 머리를 감겨 주
고, 몸 전체도 깨끗이 닦아 주었다. 게다가 침대 시트를 모두 갈아
주고, 환자복도 새것으로 갈아 입혀 주었다. 나 혼자서는 도저히
할 수 없는 것들을 4명이 서로 거들며 능숙한 솜씨로 모든 마무리
를 해 주었다. 그들의 베푸는 삶을 보고 서로에게 기쁨을 안겨 주
는 선한 행위에 대해서 잠깐 생각해 보았다. 또한 4명 중 한 봉사
자는 엄마와 나의 모습이 몇 년 전 자신이 경험했던 모습과 똑같
다며 좀 더 친근히 다가왔다. 엄마의 발톱까지 깎아 주고, 발을 정
성껏 만져 주고 가셨다. 세상 구석구석에는 이렇게 좋은 사람들이
있다.

저녁 시간이 되어갈 무렵 어제 왔던 카메라맨이 들어왔다. 리본

과 드라이플라워 몇 종을 섞어서 사진 주변을 장식한 액자를 건네
주었다.

> 나: 정말 예쁘게 만드셨네요. 사진도 참 잘 나왔어요. 잘 간직할
> 게요. 고맙습니다.
> 카메라맨: 마음에 드신다니까 저도 고맙습니다. 누워 계신 어머
> 니 모습이 의외로 잘 나왔어요.

눈을 크게 뜨고 얼굴을 약간 돌려서 찍은 사진 속의 엄마는 아
파 보이지 않고 밝고 맑은 표정으로 나왔다.

※ 추가 설명: 엄마의 이 마지막 사진은 나에게 소중한 물건 중
의 하나가 되었다. 내가 마음이 힘들 때마다 들여다보면 내게 다
시 힘을 주는 사진이 되었다. 이생에서 보여 준 가장 우리 엄마다
운 모습의 마지막 사진이다.

2019. 8. 19.

엄마 맞은편에 누워 있던 환자가 주말을 잘 보내고 새벽부터 상
태가 나빠지는 것 같았다. 날이 밝자 식구들이 모이기 시작하더니
1인실로 옮겨 갔다. 엄마가 이 방에 들어오던 날 오후 늦게 들어온
환자였다. 나이가 37세밖에 되지 않은 아주 젊은 세 아이의 엄마
였다.

아이들은 초등학교 1학년, 여섯 살, 네 살이었다. 매일 친정아버지, 어머니, 여동생, 그리고 남편과 아이들이 계속해서 곁을 지키고 있었다. 어린 아이들을 볼 때마다 가슴이 찡한 환자였다. 좀 특이한 암 환자였다. 충수염에 암이 생겨 충수염을 깨끗이 제거했음에도 일 년 만에 급속히 암이 온몸에 번져서 온 환자였다. 대학병원에 오기 전에는 일본에서 할 수 있는 모든 방법을 동원해 치료를 받았다고 했다. 그 환자도 엄마처럼 입마름이 심해서 입안연고와 잔얼음을 주면서 가족들과 안면을 트고 사연을 알게 되었다.

그 환자의 친정아버지와 어머니는 딸의 팔다리를 만져 줄 때마다 눈물을 한없이 흘리고 있었다. 간혹 억장이 무너지는 표정으로 의료기술의 한계를 원망하는 듯한 말을 내뱉곤 했다. 어린 자식 세 명을 두고 가야 하는 그 현실에 얼마나 기가 막히겠는가. 결국 그 젊은 환자는 저녁 8시쯤 떠났다. 여동생과 친정어머니의 서글픈 울음소리가 복도에 울려 퍼졌고, 초등학교 1학년 남자아이가 엄마를 부르며 울부짖는 소리가 듣는 이로 하여금 마음을 아리게 했다.

호스피스 병동에서 연달아 발생하는 죽음은 특별한 사건이 아니고 그냥 일상처럼 보였다. 나는 가까이에서 죽음을 매일 보고 있다. 엄마도 죽음이 현실임을 분명히 인지하고 있는 것 같다. 그래서 자연스럽게 덤덤히 죽음을 받아들이고 있는 것 같다. 엄마는 같은 병실에서 침대가 하나씩 나가는 것이 어떤 의미인지를 아는 것 같다. 입안이 많이 불편함에도 불구하고 엄마가 말을 했다.

엄마: 내가 먼저 가야 되는데. 벌써 4명이 나보다 빨리 갔네.

나: 엄마, 어떻게 그걸 다 알아.

엄마: 여기서 침대가 4개 나갔잖아.

아직까지 엄마는 의식이 너무나 멀쩡하다. 주변에서 일어나는 일들을 눈썰미 있게 잘 보고 기억도 잘하고 있다. 정말 똑똑한 노인네다.

2019. 8. 20.

아침 일찍 엄마 기저귀를 갈아 주었다. 며칠 만에 배설물이 좀 나왔다. 설사 비슷한 것이지만 거품이 뭉글뭉글하게 있었다. 전에 나온 것과는 많이 달랐다. 아침 회진 시 호스피스 담당 의사에게 얘기했더니 그냥 내장의 분비물이라고 했다. 하기야 이제 피똥이든 설사든 거품똥이든 무슨 의미가 있겠는가. 고통 없이 편한 죽음을 맞이하는 게 중요한 것이다. 뒤처리를 다 하고 나자 엄마는 물을 딱 한 모금 마시고, 혀에 연고를 바르고 창문을 통해 바깥 풍경을 보고 있었다. 하늘과 구름, 뜨거운 햇살, 먼 산의 짙푸른 나무들이다. 짧은 감상이 끝나자 엄마가 나에게 성경책을 펴보라 했다.

엄마: 마태복음 5장 8절을 읽어 봐.

나: [마음이 청결한 자는 복이 있나니 그들이 하나님을 볼 것임이요]

엄마: 예수님 꼭 잡고 기도 많이 해. 나는 토요일 날 천국 간다.

엄마는 더 이상 말을 하지 않고 이내 두 눈을 감고 깊은 잠을 청하는 것 같았다. 나는 잠자는 엄마 옆에 앉아 말씀을 되새겨 보았다. 내 속사람이 거룩하신 하나님 앞에 서기에는 나의 마음 깊은 곳에 추악한 죄악들이 많음을 엄마가 일러 주신 것 같았다. 예수님 보혈의 피만이 보이지 않는 마음의 죄까지 씻을 수 있음을 말해 주는 것 같았다. 그래서 예수님 꼭 잡고 기도 많이 하라고 하신 것 같다. 그런데 토요일에 천국 간다고 한 말에 대해서는 그냥 나홀로 마음에 담아두고 아무에게도 말하지 않으려고 한다. 지난달 엄마가 꿈속에서 자신의 소천 날짜가 7월 24일인 것을 말했었다. 그날에 아무 일 없이 지나가 버리자 형제들이 개꿈으로 취급해서 머쓱한 사건이 되어 버렸다. 또 그렇게 될까 봐 나는 말하지 않을 것이다.

저녁시간이 되어도 엄마는 계속 잠을 잤다. 혹시나 모를 상황에 대비해 형제들에게 전화를 다 돌렸다. 엄마가 의식이 있을 때 모두 모여서 얼굴을 보라고 했다.

상황에 맞지 않는 말을 하다 (2019. 8. 21.)

어제 오늘 깊은 잠을 자던 엄마가 오후 5시쯤 눈을 떴다. 우리

154

남편과 장남인 남동생만 빼고 다 모여서 엄마 침대 주변에 쭉 둘러서 있었다. 엄마는 모두를 쳐다보더니, 갑자기 기운을 차려 앉으려고 했다. 나는 침대 상체 레버를 돌려 엄마를 앉혔다. 허리 뒤에 베개를 받쳐서 배에 힘이 들어가도록 해 주었다.

나: 엄마, 우리 다 알아보겠어요?
엄마: 그럼 다 알지. 내가 시현이 취업하고 결혼하는 거 보고 싶었는데, 빨리 떠나게 되었다.
시현: 취업도 하고 잘 살아갈게요. 할머니도 힘내세요.

엄마는 우리 모두에게 아주 짧은 대화를 하고 마지막에 나에게 밥상을 차려 오라고 했다.

엄마: 배가 고프다. 김칫국에 밥만 말아서 얼른 가져와.
나: 엄마, 김치랑 밥은 없는데, 죽을 가져올까요?
엄마: 아니, 죽은 싫다. 김칫국에 밥 말아 와.
나: 알았어요.

나는 냉장고 앞에 와서 어떻게 해야 할지 생각하며 어물쩡거렸다.

엄마: 언니는 고집이 세서 밥상도 늦게 가져온다.
여동생: 언니, 엄마가 빨리 가져오래.

엄마와 여동생이 대화하는 것을 들으며, 얼음을 잘게 부숴서 그 릇에 담고 숟가락을 챙겨서 엄마 침대 식판에 올렸다. 엄마는 숟 가락으로 얼음을 입에 넣고는 밥 먹듯이 씹어 먹었다. 이상한 상 황이 연출되었다. 근 일주일 동안 엄마는 아무것도 먹지 않았다. 혀까지 굳어져 가고 있었다. 그런데 갑자기 밥을 찾고, 얼음을 밥 처럼 씹어 먹고는 잘 먹었다면서 숟가락을 놓았다.

엄마: 잘 먹었다. 다시 눕혀 줘.

엄마는 편하게 눕게 되자 우리 모두에게 집에 가서 편하게 자라 고 했다. 모두가 떠나고 조용해지자 나에게 옷을 입혀 달라고 했다.

엄마: 집에 가고 싶다. 여기 너무 갑갑하다.
나: 엄마, 여기가 어디야?
엄마: 병원이지, 그걸 왜 물어?
나: 지금은 너무 늦어서 퇴원을 못 해. 오늘은 여기서 자고 내일 아침 일찍 집에 가요.
엄마: 알았다. 집에 갈 준비 잘해라.

엄마는 다시 눈을 감고 자는 모습을 취했다. 나는 그 모습을 보 면서 엄마의 이성이 상황에 맞지 않게 작용하고 있는 것을 알게 되었다. 그리고 기도했다. 하나님께서 지켜달라고.

드디어 1인실(임종실)로 옮기다 (2019. 8. 22.)

새벽 2시부터 엄마가 이상한 소리를 내기 시작했다. 말이 아닌 단음으로 지속적으로 소리를 내었다. 눈도 꼭 감은 상태이고 깊은 잠 속에서 내는 소리였다. 같은 방 환자와 보호자들에게 수면의 방해가 될 정도였지만, 모두가 이해해 주고 괜찮다고 했다. 간호사가 진통제인지 신경안정제인지는 모르겠지만 주사약을 가져왔다. 나는 맞히는 것을 강력히 거부했다. 의식이 멀쩡한 상태에서 고통을 느끼면 진통제가 필요하겠지만, 일시적인 섬망의 증상이라면 자연스럽게 두고 지켜보아야 할 것 같았다. 간호사는 나의 뜻을 따라 주었다. 감사했다.

날이 밝아오자 소리가 멈추었다. 눈은 감은 채로 있었지만 얼굴 표정은 평온했다. 엄마를 불러도 대답이 없다. 숨만 쉬고 있었다. 아침 회진 시간이 끝나자마자 1인실로 옮기게 되었다. 즉 죽음을 맞이하는 임종실이다. 임종의 정확한 시간을 예측할 수 없으므로 잘 지켜보는 수밖에 없다.

오후가 되었을 때 엄마의 손과 발이 부은 것이 눈에 띄게 보였다. 기저귀를 갈아도 오줌이 없었다. 엄마가 젊었을 때 신장병을 앓은 적이 있었다. 그때 엄마가 손발이 부으면서 오줌을 시원하게 누지 못해 고생한 것이 떠올랐다. 나는 데스크에 가서 엄마 상태를 설명했다. 그러자 주임 간호사가 긴 고무 튜브와 눈금이 있는 소변통을 들고 방에 왔다.

주임 간호사: 어머니, 오줌 튜브를 끼웁니다.

나: 엄마 몸이 움틀거리고 표정이 변하네요.

주임 간호사: 청각은 마지막까지 듣는 기능을 해요. 눈 감고 말을 못 해도 몸으로 다 느낍니다.

몸에 이물질이 들어오는 것을 끝까지 거부했던 엄마가 결국은 본인 의지와 상관없이 오줌 튜브를 했다. 장치가 끝나자 오줌이 천천히 흘러나왔다. 오줌통을 두 번 비웠을 때 엄마 손의 붓기가 많이 빠져 있었다.

죽음이 코앞에 닥쳐 있는 환자의 몸 상태나 의식의 변화에 대해서 왜 그런지에 대한 설명을 의사들은 하지 않는 것 같다. 보호자의 요청 중 가능한 것만 들어주는 것 같다. 그냥 잘 지켜보라고만 했다.

오후에 남동생 부부와 조카가 와서 엄마를 계속 지켜보고 있었다. 저녁엔 우리 딸이 병실에서 잠잘 준비를 해서 왔다. 우리는 저녁을 먹은 후 엄마 침대에 둘러앉아서 조용히 찬송을 부르고 기도를 했다.

2019. 8. 23.

1인실은 보호자용 침대가 가죽 소파처럼 되어 있어서 딸과 나는 지난밤 편하게 자고 일어났다. 제일 먼저 엄마의 얼굴을 살피고 오줌통을 비웠다. 엄마의 손발 붓기가 거의 다 빠진 것같이 보였다. 소원이와 나는 번갈아 샤워를 끝내고, 번갈아 병원 식당에서 아침을 먹었다. 소원이가 엄마를 지켜보는 동안 나는 멍하니 쉬기도 하고 해야 할 일들을 생각하며 메모도 할 수 있었다.

점심시간이 되기 전에 남동생, 올케, 수민이가 왔다. 우리는 서로 몇 마디를 나누고 엄마 침대에 둘러앉아 찬송을 불렀다. 엄마가 평소에 좋아하던 찬송을 3곡이나 부르고 기도했다. 그냥 나만의 느낌인지는 모르겠지만 엄마가 우리의 찬송소리와 기도소리를 듣고 얼굴 표정이 더 평온하고 밝아 보이는 것 같았다.

동생네 식구들이 돌아간 뒤 소원이와 나는 번갈아가며 또 엄마를 지켜보았다. 소원이가 휴게실에 TV를 보러 가자 누워 있는 엄마와 나만 남게 되었다. 나는 어제 주임 간호사가 말한 것 즉 청각이 마지막까지 제 기능을 한다는 것을 믿었다. 그래서 엄마에게 말을 계속했다. 자식들을 하나씩 결혼시키며 수고했던 일, 기뻐했던 일, 손주들을 키우며 즐거웠던 일들을 쉬엄쉬엄 얘기했다. 살아오면서 엄마한테 제대로 하지 못한 말 특히 쑥스러워서 하지 못한 말 '엄마 사랑해요'를 여러 번 하면서 눈물을 닦기도 했다. 저녁 늦게 부산에서 여동생이 왔다. 내가 낮에 전화를 했다. 엄마가 오늘 내일 중에 소천할 것 같으니 혼자 먼저 오라 했다. 엄마가 며칠 전 "나는 토요일 날 천국 간다."라고 말한 것을 염두에 두고 행동했다. 그러나 나는 여동생뿐만 아니라 아무에게도 말하지 않았다.

마지막 일지 (2019. 8. 24.)

오전 7시 30분

밤새 엄마가 별 요동 없이 계속 깊은 잠을 잤다. 그 덕분에 나를 포함해 소원이와 여동생도 편히 자고 일어났다. 우리는 아침 기도를 짧게 한 후, 엄마의 숨 쉬는 상태를 살펴보았다. 별 이상 없이 고르게 느껴졌다. 다음엔 오줌통을 보았다. 오줌의 양도 별반 다르지 않았다. 손발의 붓기도 다 빠져 있었다.

오전 8시-10시

우리는 서로 번갈아가며 샤워도 하고 아침밥을 먹었다. 엄마는 계속 깊은 잠에 빠져 있다. 아무 요동도 없다.

오전 10시 30분

엄마의 상태를 보기 위해서 간호사가 들어왔다.

주임 간호사: 오늘 내일까지 지금과 똑같은 상태면 다시 호스피스 병동 방으로 옮깁니다.
나: 다시 좋아지고 있나요?
주임 간호사: 그런 게 아니고요, 간혹 몸에 변동이 없이 1-2주 생명이 유지되기도 합니다.

오전 11시

나는 여동생에게 엄마를 잘 지켜보고, 오줌통을 비우기 전에 그 양을 꼭 적어 두라고 당부했다. 그리고 외출했다. 먼저 엄마 집으로 갔다. 미리 엄마가 준비해서 넣어 둔 장례비용 일체와 친척과 지인들 전화번호가 적힌 노트를 챙겨 가방에 넣었다. 다음엔 우리 집에 와서 가스 밸브를 잠그고 창문 등 집안 단속을 하고 나왔다. 또한 집 근처 약국에서 차멀미 약이랑 설사와 배 아플 때 먹는 약도 좀 샀다. 나중에 먹을 빵도 좀 샀다.

오후 1시

병실에 다시 돌아왔다. 여동생이 엄마를 지켜보고 있다. 우리 소원이는 다시 자고 있다. 나는 엄마 침대로 가까이 가서, 엄마 손을 잡고 말했다.

나: 엄마, 나 왔어. 아직도 자고 있네.

순간 엄마 얼굴이 약간 움직이더니, 꼭 감고 있던 엄마 양쪽 눈에서 눈물이 조금씩 나오고 있었다. 너무 놀랐다.

나: 현주야! 엄마가 내 목소리 듣고 눈물을 흘린다. 여기 좀 봐!

여동생은 별말 없이 엄마 얼굴을 가만히 보고 있었다.

나: 엄마, 울지 마. 우리 걱정하지 마. 우리 모두 예수님 잘 믿고 서로서로 잘 살아갈 거니까 아무 걱정하지 마. 그리고 나는 하나도 안 힘들어. 누워 있는 엄마가 힘들지. 나중에 마음 편하게 천국 가세요. 계속 기도하고 있어요.

엄마: (약간 진지한 표정에 양쪽 눈꼬리 부분에서 눈물 줄기가 내려온다.)

나는 손으로 엄마 눈물을 닦아 주었다. 모두 다 괜찮고 우리 모두 엄마를 사랑한다고 말했다. 곧 엄마 눈물이 멈추었다.

오후 1시 30분
남동생, 올케, 조카 세 식구가 방에 들어왔다. 우리는 서로 이런 저런 얘기를 나누었다.

오후 2시
여동생이 자신의 짐을 주섬주섬 챙기면서 말했다.

여동생: 나는 다시 부산에 가야겠다. 지금 엄마 상태를 봐서 는 한참 남은 것 같다. 언니, 나 간다. 일 있으면 전화해.

여동생이 병실을 나간 후, 곧 이어 남동생과 올케도 일하러 나 갔다. 병실에는 조카 수민이, 나, 우리 딸 이렇게 셋이 남게 되었다. 방 안이 조용해지고 달리 할 일도 없고 해서 나는 조카와 딸을 데리고 찬송을 부르고 엄마를 위한 기도를 했다.

오후 3시

나는 소파 침대에 누워 잠이 들었다. 소원이는 복도 끝에 있는 책방 휴게실에서 책을 읽고 있었다. 수민이는 병실에 앉아 스마트폰 검색을 하면서 엄마를 간헐적으로 지켜보고 있었다.

오후 4시 20분경

잠결에 수민이가 나를 부르는 소리에 얼른 일어나 엄마 침대로 갔다.

수민: 고모! 할머니가 좀 이상해요.
나: 엄마, 숨 쉬어 봐요. 수민아, 데스크에 가서 간호사에게 말하고, 소원이 데리고 와.

나는 양손으로 엄마 손을 잡고 중얼거렸다.

나: 주님, 지금 엄마와 함께해 주세요. 편안하게 천국으로 인도해 주세요. 사랑하는 우리 엄마 영혼을 지켜 주세요.

갑자기 엄마 가슴 아래에서부터 올라오는 듯한 "휴-" 하는 긴 숨을 한 번 내쉬었다. 그리고 더 이상의 숨소리는 들리지 않았다. 이때 나는 시계를 보고 시간을 몇 번 되뇌며 머릿속에 저장했다. 오후 4시 25분! 나는 곧장 장남에게 전화해서 최대한 빨리 오라고 했다.

주임 간호사가 모니터가 달린 기계를 끌고 들어왔다. 전선에 달린 고무 패치 같은 것을 심장과 목 아래 붙이고 손가락에도 뭔가 끼워졌다. 산소포화도나 혈압 등을 나타내는 모니터였다.

간호사: 호흡은 끊어져도 심장은 아직 살아 있어요. 사람마다
　　　다른데 길게는 30분까지 가기도 해요.

이미 방에 들어온 수민이와 소원이가 모니터와 엄마의 얼굴을 번갈아 보고 있었다. 잠시 뒤 장남인 성완이가 방에 들어왔다.

나: 엄마, 성완이가 왔어.

모니터에 지그재그로 움직이던 선이 하나의 직선으로 변하더니 '0'이라는 곳에서 멈추고 '삐' 소리와 함께 멈추었다. 그때 호스피스 담당 의사가 들어와서 사망확인 시간과 선언을 했다.

의사: 8월 24일 토요일 오후 4시 45분 사망하신 것을 확인해 드
　　　립니다.

엄마는 본인이 말한 것처럼 정말 토요일 오늘 돌아가셨다.

의사: 환자분이 아주 편한 모습으로 돌아가셨네요.

의사는 나가고 주임 간호사가 엄마의 소변줄, 링거, 모니터의 줄 등을 정리하면서 한마디 했다.

주임 간호사: 청각은 아직 열려 있으니까 모두 마지막 인사를 하세요. 어머니가 잠자듯이 평온하게 보이네요. 믿음이 좋으신 분이었나 봐요. 한 2시간 뒤에 장례식장으로 이송될 겁니다.

수민: 할머니, 그동안 누워 있느라고 수고했어요. 이제 편히 가세요.
소원: 전경호 우리 할머니, 나를 많이 사랑해 줘서 고마워요.

간호사가 나가자, 남동생과 올케가 들어왔다. 낮에 부산으로 간 여동생은 집에 도착하자마자 전화를 받고 다시 울산으로 향했다.

오후 7시 30분
장례식장으로 엄마를 이송할 두 남자가 들어왔다.

남자 A: 차에 같이 탈 보호자 한 분만 따라 오시고 나머지 분들은 걸어서 장례식장으로 가십시오.

남자 두 분이 엄마를 흰 천으로 덮어씌운 후 이동형 침대에 옮겨 실었다. 이동형 침대가 방을 나가자 나는 침대 옆에 붙어 따라 나갔다. 복도를 지나 엘리베이터를 타고 병원 1층 뒷마당 주차장에 내렸다. 거기엔 이송 차량이 준비되어 있었다. 남자 두 분이 엄마를 차량 뒤쪽에 옮겨 실었고, 나도 뒷자석에 올라탔다. 남자 두 분 중 한 사람은 운전석에, 다른 한 사람은 옆 조수석에 앉았다.

남자 A: 출발합니다. 장례식장이 옆에 있으니 곧 도착합니다.

나는 바짝 긴장되어 있어서 눈물조차 나지 않았다. 이생에서 엄마랑 마주하는 시간이 정말 마지막이라는 절박한 안타까움이 가슴 가득 차올랐다. 흰 천이 덮여 있는 엄마의 몸을 여기저기 눌러서 만져 보았다. 딱딱하지 않았다. 아직도 좋은 우리 엄마 느낌 그대로였다. 내 입에서는 '오, 주여!' 하는 소리가 절로 나왔다. 나는 양손으로 엄마를 붙잡고 간절한 마음으로 큰 소리를 내며 기도했다.

나: 살아 계신 하나님 아버지, 주안에서 믿음으로 살아온 우리 엄마를 기억해 주세요. 죽음을 두려워하지도, 무서워하지도 않았어요. 엄마는 죽음 너머의 천국과 영생이 있음을 확

실히 믿었어요. 이제 주님을 향한 믿음, 소망, 사랑만을 품고, 주님께 갑니다. 하나님 아버지, 엄마의 영혼을 생명싸개로 싸서 곧장 천국으로 인도하여 주실 것을 믿습니다. 엄마의 영혼을 아버지 손에 맡기옵나이다. 예수님 이름으로 기도합니다. -아멘-

기도가 끝나자 차가 장례식장에 도착했다. 조수석에 탔던 남자가 문을 열어 주면서 내리라고 했다. 두 남자는 나를 미친 여자 쳐다보듯 했다. 엄마 침대가 차에서 내려지고 시체 냉장고가 있는 장례식장 영안실로 갔다. 엄마의 육체가 냉장고 칸에 들어가기 직전 나는 진짜 마지막 인사를 했다.

어여쁜 우리 엄마! 안녕.

Part 2

고난 속에 피어난 믿음

할머니의 살아온 이야기

나는 1940년 4월 12일 태어
났다 내가 태어난 곳은 강원도
영월 남면 연당리 ⊗⊗
이리 라는 시골 마을 농촌
에서 태어나 자라면서 어린
시절을 여름이면 개구리와
매뚜기 들을 친구삼아 재미
나게 놀면서 나이 들면서 농사
일도 조금 식 하며 엄마의 손일을
돕고 어린 시절을 제 비 나게
보냈지 내가 다섯살 어린 시절
에 우리 나라가 일본 노예로 있
다가 해방되어 태극기를 들고

엄마가 직접 쓴 자신의 이야기

170

1

태어나서 결혼 전까지 (1940-1959)

엄마는 1940년 4월 12일 강원도 영월 남면 연당리에서 태어났다. 그곳은 전형적인 농촌 시골 마을이었다. 엄마는 2남 4녀 중 셋째로 태어나 위로는 오빠와 언니가 있었고 아래로는 여동생 둘, 남동생 하나가 있다. 형제들은 태어나 자라면서 서로에게 친구가 되어 놀았다. 여름이면 언니, 오빠를 따라 개구리도 잡고, 메뚜기도 잡고 그 잡은 것을 구워 먹기도 하고 튀겨 먹기도 했다. 고추잠자리나 풍뎅이 등은 그 당시 살아 있는 장난감이 되어 하루를 재미있게 보내는 데 충분했다. 닭장 속에 모이를 주는 일, 풀을 뜯어 토끼장에 깔아 주는 일 등은 엄마에게는 귀찮은 일이 아니고 즐거운 일상이었다.

엄마가 다섯 살 되던 해 1945년 8월 15일 일제강점기에서 해방이 꿈같이 찾아왔다. 그 농촌 마을도 사람들이 태극기를 흔들며 신작로에 쏟아져 나왔다고 한다. 그때 엄마는 태극기를 처음 보았다고 했다. 부모를 따라 나가 독립만세를 부르며 많은 인파 속에서 행진을 하던 중 부모를 놓쳐 버렸다. 엄마는 길 한가운데서 울고 있던 중 옆집 아저씨가 엄마를 알아보고 업어서 집까지 데려다주었다. 이 사건은 엄마가 어릴 때 개인적으로 겪은 큰 사건이라서 평생 생생히 기억하고 있었다.

엄마는 나이가 들어가면서 외할머니의 일손을 돕기 시작했다. 다른 형제들은 그저 놀고먹는 것을 즐겼지만, 엄마는 집안일을 사부작사부작 불평 없이 잘 도왔다고 한다. 그래서 외할아버지가 가장 좋아했던 딸이라 했다. 엄마에게는 올케언니가 되고 나에게는 큰외숙모가 되시는 분이 아직 살아 계신다. 지금까지 나에게 엄마에 대해서 여러 번 하신 말씀이 있다.

큰외숙모: 네 엄마는 다른 시누이들하고는 많이 달랐어. 누가 시키지 않아도 방과 마루를 쓸고 닦고, 설거지도 도와주고, 내가 빨랫감을 냇가에 이고 가면 따라와서 도와주고 했어. 시어머니가 때가 되어 밥 차려 오라고 소리 지르면 네 엄마가 부엌에 가서 밥상을 차려서 대령했어. 그리고 시누이들한테 "새언니 힘드니까, 놀지 말고 일하는 것 도와줘."라고 말하곤 했어. 네 엄마는 성품이나 행동이 주변 사람들하고는 많이 달랐지. 지금까지 살면서 네 엄마처럼 마음이 곱고 깨끗한 사람을 본 적이 없다.

해방과 더불어 평화로운 농촌생활이 오래가지 못하고 산산이 깨어졌다. 1950년 6월 25일 새벽 한국 전쟁이 발발했다. 북한 조선 인민군은 선전포고나 사전예고 없이 38선을 넘어 남침했다. 엄마가 살았던 그 강원도 일대는 지리적으로 북쪽과 가까워서인지 순식간에 북한 인민군들이 점령해 버렸다. 나의 외할머니 외할아버지는 많은 식솔을 데리고 피난 갈 엄두도 내지 못했을 뿐 아니라 대대로 살아온 집과 논과 밭을 두고 피난 갈 수 없었다고 했다. 시골마을은 북한 인민군 천국이 되었다. 동네 청년들은 모두 잡혀가서 인민군대에 소속되고, 중년 나이대의 남자들은 붙들어 놓고 짐을 나르는 노역을 시키고 했다. 마을 사람들이 피땀 흘려 논농사 밭농사를 지어도 소출의 대부분을 북한 인민군에게 바쳐야 했다. 심지어 마당에 있던 복숭아나무의 과실까지 다 세어놓고 따먹지 못하게 해서 쳐다만 보아야 했다.

　외갓집 마당이 좀 넓어서 인민군들의 밥 먹는 장소가 되었다. 외할머니와 마을 아낙네들이 매일 30명이나 되는 인민군들의 밥을 해 주었다고 한다. 북한 인민군들은 마을 전체를 노략질하는 정도를 넘어 죽음의 리스트를 작성해 놓고 있었다고 한다. 첫째는 군인 가족, 다음은 경찰 가족 그다음은 동네 청년 지도자들을 몰살시키려고 했다고 한다.

　휴전 협정이 있기 몇 달 전 한국군이 들어온다는 소문이 퍼졌다. 인민군들이 마을 남자들을 시켜 산에 아주 큰 구덩이를 파기 시작했다. 군인 가족과 인민군의 눈에 벗어난 사람들, 노역에 제대로 참석하지 못한 몇몇 장년들을 새끼줄로 굴비 엮듯 엮어서 구덩이에 모두 세워 두고 총으로 쏘다가 총알이 떨어지자 몇 사람은 창으로 찔러 죽이고 확인했다고 한다. 이런 절대 죽음의 순간에도 기적적으로 살아나오는 사람이 있다. 바로 독립만세를 부르던 날 길을 잃어 울고 있던 엄마를 업어서 집까지 데려다준 옆집 아저씨였다. 그 아저씨도 총소리와 함께 옆에 묶여 있던 사람과 동시에 넘어졌다고 한다. 피를 흘리며 죽어 가는 사람들 사이에서 아저씨도 얼굴에 피범벅이 되어 죽은 체하고 있었다고 한다. 인민군들이 발로 몇 번 차고 확인하더니 '다 죽었다'라고 자기들끼리 말하고는 주변이 조용해졌다고 한다. 한참이 지나고 인기척이 없어 그 아저씨는 새끼줄을 간신히 풀고 구덩이에서 나왔다고 했다. 이 이야기는 영화 속 장면이 아니다. 엄마가 어릴 때 직접 보고 들은 얘기이다. 그 당시 엄마 집안에 사촌 오빠가 경찰이어서 한국군이 조금 더 늦게 마을에 들어왔으면 엄마 집안도 몰살당했을 것이라며 그때의 절박한 감정이 느껴질 정도로 엄마는 가끔 얘기해 주었다.

휴전 협정이 1953년 7월 27일 성사되면서 북한 인민군의 약 3년간의 통치가 물러갔지만, 농촌 마을은 쑥대밭이 되었다. 일제강점기 말의 보릿고개와 6.25 전쟁, 북한 인민군의 약 3년간의 통치 아래 살아온 그 당시 엄마 마을의 어른들은 깜깜한 현실 앞에 죽지 못해 살았을 것이다. 따라서 엄마도 자연스럽게 힘든 삶의 현실을 어린 나이에 경험하였고, 그 고통을 인내하는 법을 몸으로 체득하며 성장해 나갔다. 엄마는 총기가 있고 배움을 좋아했지만,

오빠에게 동생들에게 배움을 양보하고 외할머니의 일손을 아주
열심히 도우며 지냈다.

2

20대 이야기 (1960-1968)

엄마는 21살에 중매로 아버지를 만나 결혼하게 되었다. 엄마가 태어난 영월 연당리에서 옛날 완행열차로 두 정거장 떨어진 영월 덕포리로 시집을 갔다. 그 당시 아버지는 올바른 직장 없이 20대 중반의 젊은 혈기만 왕성한 백수건달 같았다고 했다. 아침 먹고 나가면 하루 종일 동네 친구들과 축구를 하거나 화투 치고 저녁엔 술 냄새 풍기면서 집에 들어왔다. 결혼은 했지만 무직에 가진 것이 없으니 첫째 형님 댁에 약 일 년 반 정도 얹혀살았다. 엄마는 그때의 상황을 이렇게 회상하곤 했다.

엄마: 시골 농촌에서 태어나 세상 물정 모르고 철없이 컸지만 그래도 나름 행복하게 살았어. 형제들과 친지들 속에서 즐거움이 있었고, 엄마 일손을 도울 땐 가슴에서 뿌듯함이 올라와 피곤함을 느끼지 못했어. 모두가 힘들게 살았지만 마

음에 여유와 평화가 있었어. 그런데 결혼하고부터 나의 인생은 고달프고 힘들어졌어. 큰집에 얹혀살면서 괴로움과 불편함이라는 새로운 감정들을 겪으며 견디어 내야 했지.

지금 내가 엄마의 그때 상황을 생각해 보아도 깊은 한숨밖에 나오지 않는다. 시아버지, 시아주버니, 형님, 미혼인 시동생, 시누이, 조카들. 그야말로 시집 식구들 속에서 엄마는 착한 이방인이었을 것이다. 엄마 성품상 싫은 소리 한마디 못 하고 하루 종일 일하고 눈칫밥을 먹었을 것 같다.

큰집의 큰아버지는 (구)영월 화력 발전소에서 일을 했다. 석탄화력 발전소였는데 그곳에서 생산된 전력은 강원도 영서지방과 충북지역에 공급되었다. 큰 아버지가 어떤 자리에서 무슨 일을 했는지는 정확히 모르겠으나 중간 책임자로 일을 했던 것 같다. 왜냐하면 혼자 벌어서 그 많은 식구들이 입에 풀칠을 하고 살았으니 말이다.

오늘날 청년들이 취업하기가 힘들다고 아우성이지만, 나의 아버지 젊은 시절에도 마찬가지였던 것 같다. 특별한 기술도 없고 중졸 졸업장을 가지고 번듯한 직장을 얻기는 정말 힘든 시대였다. 건강한 몸뚱어리가 전 재산인 아버지는 젊은 혈기에 겁 없이 화력 발전소, 수력 발전소 공사하는 곳을 찾아다니면서 노동을 했다. 결혼 후 아버지의 첫 직장이 부산 사하구 감천동에 있던 화력발전소 공사장이었다. 엄마 말에 의하면 큰집에서 나올 때 살림가재도

구와 옷가지를 다 챙겨도 가방 두 개로 충분했다고 했다. 수저 두 벌, 밥공기 2개, 국 대접 2개, 냄비 하나, 작은 쟁반 하나. 이것이 살림의 전부였다. 태어나서 처음으로 영월을 떠나 생면부지의 부산으로 내려가는 열차를 탔을 때 엄마는 불안하고 떨려서 그 지루한 열차 속에서도 바짝 긴장해 있었다.

엄마 아버지가 부산에 정착한 지 2년 만에 내가 첫딸로 태어났고, 또 3년 뒤엔 첫 남동생이 태어났다. 자식이 태어나자 아버지는 가장으로서의 마음가짐이 달라져서 열심히 일을 했다. 월급은 꼬박꼬박 엄마에게 다 주고 살림살이에 대해서는 일체 간섭을 하지 않았다. 왜냐하면 엄마가 아버지보다 수리에 밝아 돈을 아껴 쓰고 모으는 방법을 알고 있었기 때문이다. 또한 엄마는 손재주가 뛰어나서 재봉틀 없이 손바느질만으로도 모든 옷을 만들었다. 그 당시에 찍은 흑백 가족사진이 한 장 있다. 사진 속에 나는 원피스를 입었고, 남동생은 민소매에 반바지, 아버지는 남방, 엄마는 반팔에 주름치마를 입고 있다. 사진속의 그 모든 옷들이 엄마가 만든 옷들이다. 나는 이 사진을 볼 때마다 놀랍다. 어린아이 둘을 키우며 20대 후반의 젊은 엄마가 어떻게 그렇게 근검절약하며 부지런히 살 수 있었을까 하고.

부산 감천동의 화력발전소 공사가 다 끝난 후, 우리 식구는 다시 영월로 돌아왔다. 내가 5살, 동생이 2살 되던 해였다. 그때 우리 가족은 큰집으로 들어가지 않았다. 봉래 초등학교와 영월 제재소가 있는 신작로를 따라 낮은 언덕배기에 있는 집을 샀다. 좁은 길이 여러 갈래로 연결되어 집들이 옹기종기 모여 있던 언덕배기 동네였다. 초가집, 함석지붕의 집, 기와집, 슬라브 집들이 섞여 있던 나에게는 결코 잊히지 않는 어린 시절 추억의 동네이다. 게다가 둘째 큰집이 영월 제재소 맞은편에 있어서 사촌 언니들을 따라다니며 놀았다.

3

30대 이야기 (1969-1978)

영월 집에서 셋째가 태어나다

　노란 개나리가 언덕배기 곳곳에 피어 있던 날 영월 우리 집에 왔으니 아마 3월 말쯤이었던 것 같다. 시간이 조금씩 흘러가면서 봄꽃들이 피어나고 지고, 아카시아 나무에서 흰꽃이 주렁주렁 열리기도 했다. 우리 집은 앞마당이 있는 기와지붕을 한 단순하고 작은 집이었다. 걸터앉을 수 있는 좁은 대청마루가 있었고, 그 마루를 둘러싸고 방 2개, 부엌 하나가 있는 소박한 집이었다. 또한 재래식 화장실이 마당 구석에 위치해 있었다.

　따뜻한 봄 어느 날 아버지가 마당 한가운데 있던 빨랫줄을 손보던 일도 생각난다. 마당을 가로질러 양쪽 나무에 묶여 있던 빨랫줄을 탱탱하게 당겨서 다시 묶었고, 빨랫줄 가운데에는 장대를 세워서 빨랫줄을 받쳐 주기도 하고 높낮이를 조절할 수 있도록 만들었다. 나는 대청마루에 앉아 아버지가 하는 일을 지켜보았고 엄마와 남동생은 방에서 자고 있었다.

아버지가 아침 일찍 나가는 날은 일거리가 있는 날인 것 같았다. 요즘말로 하면 일용직 노동이었던 것 같다. 일이 없는 날은 집에서 이것저것 살펴보고 엄마한테 잔소리도 꽤 하고, 저녁에는 큰집에 가서 큰 아버지와 술을 마시곤 했던 것 같다.

엄마는 셋째를 임신한 채 영월에 왔기 때문에 시간이 지나면서 배가 불러왔다. 그리고 많이 아파 보였다. 나중에 안 사실이지만 셋째를 임신하고 6개월 되었을 때 엄마는 병을 얻었다. 손발이 붓고 소변을 잘 누지 못했다. 얼굴도 늘 빵빵하게 부어 있었다. 임신 중이라 한약이든 양약이든 마음대로 쓸 수도 없어서 고통을 참으며 출산을 기다렸다고 했다. 8월 한여름 나에게는 둘째 남동생인 성종이가 태어났다. 그때 연당에서 외할머니가 와서 산모인 엄마랑 우리들을 보살펴 주셨다. 엄마가 미역국을 포함해 모든 음식을 잘 먹지 못하고, 몸 상태가 너무 안 좋아서 외할머니가 마음이 많이 아팠던 것 같다. 한 번씩 대청마루에 앉아 하늘 한 번 쳐다보고, 마당에서 놀고 있던 나와 동생을 쳐다보고는 중얼거리면서 울고 계셨다. 외할머니가 약 한 달 정도 있다가 가셨는데, 떠날 때 표정이 침울했던 것으로 기억이 난다.

둘째 큰집에도 문건이라는 조카가 성종이랑 비슷한 시기에 태어났다. 그래서 큰엄마가 한 번씩 우리 집에 와서 젖이 안 나오는 엄마를 대신해서 성종이에게 젖을 물리곤 했다. 오늘날 질 좋은 분유가 마트마다 깔려 있지만, 그때는 제품이 흔하지 않았고, 있다 한들 비싼 분유를 사서 먹일 형편이 되지 못했을 것이다. 엄마는 아픈 몸으로 어쨌든 집안일을 해 나갔다. 나는 가끔 동생 똥 기저귀를 통에 담아 머리에 이고, 둘째 큰집에 가서 사촌 언니들이랑 빨래 방망이로 두들겨 가며 기저귀를 하얗게 세탁해 왔다. 성종이가 태어난 지 백일이 지나자 늦가을에 아버지는 마산에 있는 친구로부터 일자리가 있다는 연락을 받고 내려갔다. 아버지가 떠날 때 나에게 했던 말이다.

아버지: 할 만한 일인지 알아보고 곧 올라올게. 동생들 잘 데리고 놀고, 엄마가 아프니까 심부름도 잘하고 알았지.
나: 응. 아버지 빨리 갔다 와.

부흥회 따라가 병 고치다

엄마 병세는 날이 갈수록 심해졌다. 병원도 몇 군데 가 보았지만 정확한 병명을 알 수는 없었고, 신장에 문제가 있는 것 같다는 소리만 들었다. 그래서 병원에서 처방해 준 신장약도 먹어 보고, 한의원 가서 외관상 드러난 특징을 살펴보고, 맥을 짚어 보고 그에 맞는 침과 약도 써 보았지만 아무 효과가 없었다. 성종이가 첫 돌이 되었을 때 엄마는 삶을 거의 포기한 상태였다. 어느덧 언덕배기 동네에 현숙이 엄마가 다 죽어 간다는 소문이 돌자 가장 꼭대기에 살고 있던 희수 엄마라고 불리던 아낙네가 한 날 우리 집을 방문했다. 절실한 표정으로 하나님, 예수님, 십자가, 보혈의 피, 성령, 구원, 천국, 지옥 등 엄마가 생전 처음 들어보는 말들을 쏟아냈다. 엄마는 그 생소한 말들을 이해도 못 했고 귀에 들어오지도 않았다고 했다. 그런데 마지막에 희수 엄마가 한 말이 귀에 쏙 들어왔다. 교회 가서 예수님 믿겠다고 고백하면 하나님이 모든 병을 고쳐 준다는 것이었다. 엄마는 그 말을 그대로 믿고 이틀 뒤 시작하는 부흥회에 따라가겠다고 약속을 했다.

첫째 날 아침 언덕배기 동네 아래 신작로에 흔하게 볼 수 없었던 길쭉하게 생긴 택시가 한 대 정차해 있었다. 아픈 엄마를 교회까지 데려가기 위한 희수 엄마의 배려였다. 택시 운전수가 희수 엄마 남동생이었기 때문에 가능했을 것이다. 엄마는 방 안에 동생과 내가 밥을 먹을 수 있도록 상을 차려 놓았다. 또한 성종이가 먹을 수 있도록 밥을 팔팔 끓여서 밥물을 걸러놓은 끈적한 죽물을 만들어 놓았다.

엄마와 희수 엄마가 교회로 떠난 뒤 나는 동생들과 하루 종일 집에 있어야 했다. 성종이가 찡찡댈 때마다 작은 숟가락으로 죽물을 떠서 조금씩 먹였다. 성완이는 차려진 밥상에서 알아서 먹었다. 동생들이 별나지 않고 다 순해서 힘들지 않았다.

거의 저녁이 되었을 때 엄마는 아침에 타고 갔던 택시를 타고 희수 엄마랑 집에 왔다. 엄마는 눈이 더 퉁퉁 부어서 왔다. 나와 동생이 먹고 남긴 찬밥을 드시고, 성종이에게 젖을 좀 먹이고는 모두 잠자리에 들었다.

둘째 날도 첫째 날과 똑같은 일상이 반복되었지만 내게 위안이 되는 몇 시간이 있었다. 낮에 친할아버지가 떡이랑 과자를 챙겨 와서 나와 동생을 먹이고, 마당의 이곳저곳을 살피며 정리를 하셨다. 성완이는 할아버지를 졸졸 따라다니며 무료함 없이 낮 시간을 보냈다.

셋째 날은 희수 엄마가 성종이를 업고 엄마랑 걸어서 교회로 갔다. 나는 덕분에 몸과 마음이 많이 편한 상태로 성완이를 데리고 둘째 큰집에 가서 사촌 언니들과 놀다가 저녁을 먹고 있는데 엄마가 성종이를 업고 우리를 데리러 왔다.

그때 방에 있던 우리 모두는 깜짝 놀랐다. 일어나 앉아 있기도 힘들어했던 엄마가 성종이를 업고 나타난 것도 그렇고, 퉁퉁 부어 있던 얼굴과 눈이 달라져 있었다. 엄마 표정이 아파 보이지 않았다.

큰엄마: 동서, 좀 괜찮아?
엄마: 예, 형님. 하나님이 제 병을 다 고쳐 주셨어요.
큰엄마: 참 희한한 일일세.

넷째 날 아침 희수 엄마가 우리 집에 왔다. 희수 엄마가 성종이를 업었고, 엄마는 한 손에는 허름한 기저귀 가방을 들고, 또 다른 손으로는 성완이 손을 잡았다. 나는 빈손으로 엄마를 따라나섰고,

태어나서 처음으로 주일 예배에 참석하기 위해서 교회로 간 날이었다.

덕포리에 있던 큰집 두 곳을 지나 30-40분쯤 걸어서 십자가가 지붕에 크게 달린 교회에 도착했다. 4살이던 성완이는 교회 마당에 있던 미끄럼틀과 그네를 보고는 교회 안으로 들어가지 않으려고 했다. 하는 수 없이 엄마가 나올 때까지 어디 가지 말라고 단단히 일러두고, 엄마는 본당으로, 나는 아이들 예배드리는 곳으로 들어갔다. 지금도 기억이 난다. 남녀칠세부동석이라는 유교의 가르침이 그 당시 교회에 그대로 남아 있었다. 어린 유치부와 초등부 학생 남녀가 분리해서 앉았다. 나는 그때 7살이라서 둘째 줄에 무릎 꿇고 앉아서 찬송 부르고 기도했던 걸로 기억한다. 이때부터 엄마와 나는 주일이면 교회 가는 교인이 되었다.

죽음에서 살아나온 엄마

엄마가 부흥회 참석 3일째에 뜨거운 불세례와 함께 하나님의 은혜로 병 고침을 받아 삶을 되찾고 힘을 내어 살아가던 중 믿기 힘든 일이 발생했다. 교회 다니기 시작한 지 두 달쯤 지난 11월 초 어느 날이었다. 엄마가 성종이를 업고 집에 올라가는 모습이 희수 엄마 눈에 들어왔다. 그런데 걷는 모습도 좀 휘청거리고 얼굴빛도 푸르스름하게 보이고 뭔가에 홀려서 넋이 나간 사람처럼 보였다고 한다. 희수 엄마는 자꾸 이상한 생각이 들어서 엄마를 뒤따라 우리 집에 들어왔다. 그때 나와 성완이는 마당에서 구슬 따먹기를 하고 있었다.

　　희수 엄마: 현숙아, 엄마 들어왔제.
　　나: 예, 애기랑 방에서 자요.

　　희수 엄마가 얼른 대청마루에 올라가서 방문을 열고 들어갔다. 곧 "현숙아-! 현숙아-! 눈 좀 떠 봐라. 아이구 하나님 살려 주세요." 하며 숨 가쁜 목소리로 나를 불렀다. 그리곤 자기가 다시 올 때까지 엄마 팔다리를 주무르고 있으라고 했다. 희수 엄마는 언덕배기에서 유일하게 전화기가 있는 집으로 달려가서 목사님 댁에 전화해 급박한 상황을 알렸다. 그동안 나는 시킨 대로 엄마 다리를 주무르고 엄마를 몇 번 불러 보았지만 아무 대답도 없고 어떠한 미동도 없길래 그냥 잔다고 생각했다. 엄마 옆에는 성종이도 자고 있었다. 잠시 후 희수 엄마가 다시 우리 방에 들어와서 성종이를 옆방으로 옮겨 눕혔다. 그리고 다시 엄마 옆에 앉아서 엄마 팔을 만지며 "하나님, 살려 주세요."만 외쳤다. 7살인 나도 뭔가 심상치 않은 일이 발생했음을 직감했다. 시간이 제법 흐른 후 목사님이 열댓 명의 성도와 함께 우리 집에 왔다. 좁은 방을 가득 채운 어른들이 갑자기 큰 소리로 "주여!"를 부르더니 울면서 기도하기 시작했다. 울음 섞인 기도소리가 점점 커지고 사람들이 엄마 몸에 손을 대고 두드리면서 기도했다. 내 어린 눈에는 많은 사람들이 엄마를 때려죽이는 것처럼 보였다. 겁에 질린 나는 악을 쓰면서 울었고, 사람들에게 엄마를 때리지 말라고 그들의 몸을 밀치면서 그들의 손을 엄마 몸에서 떼 내려고 애썼다. 성완이는 마당에서 울고, 성종이는 옆방에서 울고, 나는 방 안에서 어른들 틈새에서 악을 쓰면서 울고. 하지만 방 안의 어른들은 어린아이들의 울음과 몸부림치는 것에도 아랑곳하지 않고 그들 또한 울면서 간절히 기도만 하고 있었다. 거의 2시간이 지났을 때쯤에는 성완이도 나도 울음이 더 이상 나오지 않는 상태가 되었다. 나는 엄마 머리맡에 앉아 나도 모르게 어른들 말을 따라하고 있었다.

"하나님 아버지, 살려 주세요!" "주여!"

그렇게 시간이 좀 지나고 있을 때, 엄마 손이 움직이고 입술이 움직이더니 엄마가 눈을 떴다. 엄마의 첫마디가 "현숙아."였다. 엄마가 내 손을 잡더니 일어나 앉았다. 이 모습을 보고 사람들은 더 큰 소리로 울면서 "하나님, 감사합니다." "주여, 감사합니다."를 외쳤다. 엄마는 죽음의 상태에서 3시간 만에 살아 돌아온 것이다. 그것이 임사체험인지, 유체이탈인지, 일시적인 심정지였는지 나는 정확히 알 수 없지만 그때의 장면들을 오늘날까지 생생히 기억하고 있다.

내가 대학을 입학하기 전 겨울, 영월 큰집에 며칠 간 적이 있었다. 그때 희수 엄마를 만났고, 옛날이야기를 나누던 중 그분의 기억과 나의 기억이 일치하는 것을 알게 되었다. 새롭게 알게 된 것은 희수 엄마가 우리 엄마보다 10살 위라는 것과 경상북도에서 강원도로 시집온 권사님이었다는 것이다. 엄마도 나도 한 번도 본 적이 없었던 희수는 그분의 외아들이었고 서울에서 중학교 교사를 하고 있다고 했었다.

나는 그때의 사건을 엄마가 호스피스 병동에 있을 때에도 회상해 보았다. 의료시설이나 사회복지가 서민들이 이용하기에는 참 빈약한 어두운 시절이었지만 끈끈한 정이 흐르는 동네에서, 너무나 인간적이고 헌신적인 신앙인들이 있어 가난한 삶들이 척박하지 않았음을 새삼 알게 되었다. 엄마는 숨이 멈춘 상태로 3시간 동안 죽음 너머의 영의 세계를 보고 왔다. 즉 천국 가는 길과 지옥을 보고 왔다. 엄마가 여러 번 똑같이 했던 간증을 그대로 적어 본다.

한줄기 빛을 따라 순식간에 하늘 깊숙이 올라갔다.

어느 순간 내가 구름을 타고 올라가고 있었고 천사의 인도를 받고 있음을 저절로 알게 되었다. 계속 올라가는 도중 집에 있는 자식들 생각을 하자 구름이 멈추고 내 몸은 꼼짝도 않고 올라가지고 내려가지도 못하고 있었다. 나는 구름 위에서 무릎을 꿇고 기도했다. "하나님, 제가 잠시 자식들 걱정을 했습니다. 용서해 주세요." 기도가 끝나자 내 몸이 다시 천사를 따라 하늘로 올라가는데 요단강이라고 저절로 알아지는 맑고 푸른 물이 바다를 이루고 얼마나 아름다운지 환상적이었다. 천사가 이제 다 왔다 하면서 나를 왼편으로 들어가 보라고 해서 조금 들어가 보니 뜨거운 기름이 펄

펄펄 끓고 있는 아주 큰 가마솥 위에 설치된 기계에 사람들이 각각 걸쳐져 있고 기계가 돌아가는데 사람은 죽지 않고 고통만 계속 받는 것을 보았다. 또 다른 곳을 보니 거기도 마찬가지로 머리를 기계에 놓고 돌리니 죽지는 않고 눈알이 튀어나오고 고통스러워하는 것을 보았다. 세 번째 본 것은 손, 가슴, 머리가 단두대 같은 곳에서 잘리고 또 붙고를 반복하면서 사람들이 고통당하는 것을 보았다. 마지막으로 본 것은 깊고 어두운 구덩이에 빠져 있는 사람들이 빠져나오려고 그들끼리 할퀴고 싸우며 아우성치는 것을 보았다. 나는 그때 그 장면들이 저절로 해석이 되었다. 머리로 지은 죄, 손으로 지은 죄, 마음으로 지은 죄, 몸으로 지은 죄 등 보이지 않는 죄들도 그에 상응하는 벌이 지옥에 있다는 것을 알았다.

내가 더 이상 지옥 보는 것을 원하지 않자, 아름다운 요단강가로 나와 있었고, 천사가 오른쪽 길로 안내했다. 지상에서 볼 수 없는 아름다운 꽃들이 살아 움직이는 것처럼 보였고, 세상에서 느낄 수 없었던 평온함과 따뜻함이 대낮처럼 밝은 그 공간에 가득했다. 좀 더 걸어가자 아름답고 부드러운 어떤 곡조가 흘러나왔는데 누가 어디서 부르는지 나는 알 수 없었다. 천사가 나를 거대한 성문 앞에 인도했다. 내 머리로는 상상도 할 수 없는 크고 아름다운 성이었다. 게다가 성문은 황금빛과 새하얀 색이 섞여서 빛나고 있었다. 천사가 나보고 들어가라고 손짓을 했지만, 나는 또 한 번 망설였다. 세상에 두고 온 자식들이 보고 싶었다. 나는 성문 앞에 꿇어앉아 또 한 번 기도했다. "하나님, 어린아이들이 보고 싶습니다.

제가 우리 아이들 곁에 있어야 합니다. 용서해 주세요." 기도가 끝나자 천사가 사라지고 눈앞에 있던 성문도 사라지고 나만 홀로 앉아 있었다. 그리고 눈을 떴을 때 또 한 번 놀랐다. 내 주변에 있던 목사님과 성도들의 눈이 빨간 토끼눈이 되어 퉁퉁 부어 있었기 때문이었다.

이 일 후, 엄마 본인도 물론이지만, 주변과의 관계도 조금씩 변해 가고 있었다. 엄마는 방언이 터지고 치유은사가 임하자 동네에 소문이 나면서 병원이나 목사님을 먼저 찾아가야 할 환자가 엄마한테 기도받으러 오는 일이 종종 생겼다. 희수 엄마도 우리 엄마한테 기도받고 방언이 터졌다. 언덕배기 마을에 한 집 두 집 예수님 믿는 가정이 늘어 가면서 엄마는 본의 아니게 전도왕이 되어버렸다. 그 당시 엄마는 하나님의 폭포수 같은 은혜와 능력이 나타나는 은사가 있다 보니 조금 우쭐한 감정이 있었다고 고백했다. 왜냐하면 엄마 또한 연약한 인간이기에. 성령의 도우심으로 하나님과 예수님에 대한 믿음과 신뢰는 온전했지만, 악한 영들이 환경을 통해 공격하기를 멈추지 않았다고 했다. 당장 눈앞의 현실은 목구멍이 포도청이었고, 직장 구하러 마산 간 남편은 생활비는 고사하고 소식조차 뜸하고. 혼자서 어린 자식들 셋을 키우며 주일마다 예배당을 가는 것도 쉽지 않았다고 했다.

성령의 불세례, 임사체험, 방언, 치유은사까지 예수 믿고 두 달 안에 일어난 일들이라 말씀의 지식이 전혀 없었던 엄마는 영적으로 혼란에 빠진 적도 많았다고 했다. 주변에 엄마를 이끌어 줄 멘

토도 없었고, 영적 문제에 도움을 줄 상담자도 없었다고 했다. 신앙인이라고 누구나 같은 체험, 같은 믿음을 소유하는 것이 아니기에 엄마는 어설픈 기도로 혼자서 하나님께 매달렸다고 했다. 초등학교 5학년의 배움이 전부인 엄마에게 성경말씀의 지식을 쌓으며 이성적인 체계를 쌓아 가는 데는 한계가 있었을 것이다.

아버지 찾아 마산으로

아버지가 마산에 내려간 지 일 년이 넘었지만 집에 한 번도 오지 않았다. 대신에 아버지를 마산에 오라고 했던 친구분이 영월에 오셨다. 그리고 놀라운 소식을 우리 집에 가져왔다. 아버지가 어떤 여자와 살림을 차려서 살고 있다고 했다. 사는 집의 주소를 엄마에게 건네주고 찾아가는 방법까지 알려 주었다.

엄마는 3일 뒤 우리 모두를 데리고 마산으로 내려갈 준비를 했다. 그때가 12월 중순쯤이었다. 춥고 해가 짧아서 엄마 혼자 아이 셋을 데리고 초행길을 간다는 것은 고행길과 다름없었다.

어느 날 해가 뜨기 전 어둑한 이른 아침에 나는 작은 가방 두 개를 들고 엄마를 따라나섰다. 영월역으로 걸어가는 내내 성완이는 가기 싫다고 징징거렸다. 역에 이르자 곧 우리는 열차를 탔고, 얼마를 간 후 제천에서 내렸다. 대합실에서 시간을 좀 보낸 뒤 열차를 갈아타고 불편한 긴 시간을 견디며 마산에 도착했다.

마산역에서 택시를 타고 곧장 아버지가 있는 곳으로 갔다. 역에서 멀지 않았다. 도로에서 내려 골목 안으로 조금 걸어 들어갔다. 어둠이 내리기 시작할 때여서 여기저기 집들 창문에서 불빛이 새어 나오는 것이 보였다. 엄마가 한 집 앞에 멈추었다. 뿌연 유리가 위쪽에, 아래쪽에는 나무로 만들어진 출입문이었다. 엄마가 문을 몇 번 두드리자 안에서 어떤 여자가 출입문을 옆으로 밀면서 나왔다.

여자: 누구를 찾아 오셨어예.

엄마: 고진식의 집사람입니다.

여자: 그래예, 아직 살아 있었네예. 오늘내일 한다고 들었는데.

엄마가 처음 보는 여자와 몇 마디 주고받는 사이에 아버지가 나타났다. 어디서 일을 하고 온 모습이었다. 아버지는 엄청 놀란 표정으로 우리를 보며 말했다.

아버지: 얼른 씻고 옷 갈아입고 나올게.

아버지와 어떤 여자가 문 안으로 들어가고 우리는 출입문 바깥에 그대로 서 있었다. 10분 안에 아버지가 다시 나왔던 것 같다.

그리고 우리를 허름한 식당으로 데리고 갔다. 엄마는 등에 업었던 성종이를 풀어 무릎에 앉히고 숨을 좀 돌리는 것 같았다. 나와 성완이는 아버지를 낯선 사람 쳐다보듯이 쳐다보고 있었다. 잠시 뒤 뜨거운 돼지국밥이 사람 숫자만큼 식탁에 나왔다.

아버지: 천천히 많이 먹어라. 오느라고 배고팠을 텐데.

아버지 옆에 앉아 있던 성완이는 뜨거운 것을 불어가며 잘 먹었다. 나는 잘 먹을 수가 없었다. 국밥의 독특한 냄새도 별로였지만, 식당 안의 담배 냄새, 담배 연기, 술 냄새로 속이 울렁거렸다. 엄마는 두 살 된 성종이에게도 돼지국밥 국물을 조금씩 먹이고 있었다.

아버지: 애기도 먹는데, 너는 왜 안 먹냐. 빨리 먹어.

나는 눈치를 보면서 밥만 골라 먹었다. 아버지가 나에게 고기도 먹으라고 자꾸 강요해서 몇 점 건져 먹었다. 우리 모두는 별 대화 없이 국밥을 천천히 먹으며 저녁식사를 끝냈다.

아버지가 엄마 보따리랑 내 작은 가방 두 개를 들고 나서자 우리는 따라 걸었다. 아버지 집으로 가는 도중에 나는 결국 토하고 말았다. 창자가 입으로 빠져나오는 듯한 고통스러운 구역질을 몇 번 하고 노랗게 변한 얼굴에는 눈물과 콧물이 범벅이 되었다. 나는 그날 이후 58살이 될 때까지 돼지 국밥을 먹지 않았다. 지금은 거부감 없이 잘 먹는다.

아버지 집에 도착하자 엄마는 성종이를 방에 눕혀 놓고, 나와 성완이를 부엌에서 찬물로 얼굴과 손발을 씻기고 방으로 들여보냈다. 나도 동생도 방에 들어오자마자 그대로 잠이 들었다. 다음 날 정오가 다 되어서야 일어났다. 깨었을 때 아버지도 어떤 여자도 없었다. 영월에서와 마찬가지로 엄마와 동생들만 내 주변에 있었다.

엄마가 차려 준 밥을 먹고 성완이랑 부엌을 통해 마당에 나왔다. 지난밤에는 몰랐던 집의 구조와 주변 환경들이 눈에 들어왔다. 큰 마당을 가운데 두고 똑같이 생긴 출입문을 갖춘 집들이 'ㄴ' 자 모양으로 붙어 있었다. 공동으로 쓰는 화장실도 마당 한쪽에 세 개가 있었다. 마당 한가운데 빨래도 하고 허드렛일을 할 수 있는 수돗가가 있었다. 지난밤 동생과 내가 씻기 전에 소변을 본 곳이 마당 수돗가였다. 영월의 우리 집과는 많이 달랐다. 전체로는 넓은 곳이었지만, 각 세대로 보면 참 작고 초라한 집들이었다.

어스름한 오후 늦은 시간이 되자 아버지와 어떤 여자가 방에 들어왔다. 그 여자는 과자를 내밀며 나와 동생보고 먹으라고 했다. 나와 동생은 엄마한테 배운 대로 인사를 하고 받았다. 엄마는 부엌에 가서 분주하게 움직였다. 그리고는 아버지와 여자를 위한 밥상을 먼저 차려 주고, 다음엔 조금 더 큰 상에 자식들을 위한 밥상을 차려 주었다. 엄마는 우리가 먹는 밥상에서 밥을 먹었다.

밥을 다 먹자 설거지도 엄마 혼자 했다. 그동안 아버지랑 여자는 수돗가에 가서 양치도 하고 세수도 하는 것 같았다. 날씨가 추워서 나와 동생은 부엌에서 이도 닦고 세수도 하고 했다.

잠잘 시간이 되자 이상한 일이 벌어졌다. 방 하나가 그렇게 넓은 것도 아니었는데, 가운데 벽 한쪽에 있던 문짝 세 개를 펼치니까 작은방 두 개가 되었다. 따라서 한쪽은 아버지와 어떤 여자가 쓰고, 다른 쪽은 엄마를 포함한 우리가 썼다. 부엌과 방 하나가 딸린 집이라서 다른 공간이 없었다.

아침에 일어나 보니, 방 가운데 있던 칸막이 문짝이 벽 한쪽 제자리에 밀쳐져 있었다. 엄마만 빼고 모두가 한방에 있었다. 엄마는 부엌에서 아침을 준비하고 있었다. 전날 저녁과 마찬가지로 엄마는 밥상 두 개를 따로 차렸다.

아버지와 그 여자는 밥을 먹고 곧장 일하러 갔다. 엄마와 우리는 조금 더 천천히 먹고, 나머지 정리는 엄마 혼자 다 했다. 이런 상황이 며칠 계속되자 호기심 많았던 나는 엄마에게 물었다.

나: 엄마, 우리랑 같이 사는 아줌마는 누구야?

엄마: 아버지 여자 친구야.

나: 내가 알고 있는 아버지 친구는 다 아저씨들인데, 왜 아줌마
　　가 아버지 친구야?

엄마: 나중에 얘기해 줄게. 성완이랑 나가서 놀다 들어와.

그 여자는 떠나고 영월로 돌아오다

아침 먹을 시간이 되자 엄마가 또 두 개의 밥상을 차렸다. 나는 마산에 온 후 전에 없던 습관이 하나 생겼다. 아버지 밥상이랑 우리 밥상에 있는 국과 반찬이 똑같은지 살펴보는 것이었다. 이날도 밥 먹기 전에 아버지 밥상과 우리 밥상을 번갈아 쳐다보다가 여자와 눈이 마주쳤다.

여자: 현숙아, 영월에 언제 가노?

나는 대답을 하는 대신 벌떡 일어나서 숟가락으로 아버지 머리통을 세게 내리쳤다. '탁-' 소리와 함께 아버지 눈은 흰 눈깔사탕처럼 변했고 얼굴이 벌개져서 나를 쳐다보았다. 여자는 '어머나' 외마디 지르더니 버르장머리가 없다고 하면서 나를 쏘아보았다. 동생 밥을 먹이던 엄마도 놀라서 나를 쳐다보기만 했다. 나는 씩씩

거리면서 아버지 눈을 뚫어지게 쳐다보고 있었다. 아버지는 식사도 못 하고 아무 말 없이 나가 버렸다. 여자도 뒤따라 나갔다. 두 사람이 없어지자 나는 우리 밥상에 앉아서 밥을 먹었다. 엄마는 나에게 그 부분에 대해서 한마디도 하지 않았다. 사실 나는 그때의 내 행동이 어떤 심정으로 그렇게 했는지 잘 모른다. 그리고 그때의 내 모습과 표정도 나중에 엄마한테 들어서 알게 되었다.

어른들의 관계를 잘 몰랐지만 아버지와 그 여자가 우리 엄마를 힘들게 하고 있다는 느낌을 어린 나이임에도 눈치로 알아챘다. 그래서 두 사람에 대한 반감이 그 여자의 말이 도화선이 되어, 나도 모르게 도출된 행동을 한 것 같다.

이 일이 있고 며칠 뒤 앞부분이 삼각모양인 아주 작은 용달차가 마당에 올라왔다. 운전수 남자와 그 여자는 방에 있던 물건과 부엌살림 등을 차에 실었다. 아버지는 없었고, 엄마는 성종이를 업고 가방 하나를 들고나왔고, 나와 성완이는 그 여자가 사 준 과자를 먹으면서 마당을 왔다 갔다 했다. 짐이 다 실리자 그 여자는 엄마랑 몇 마디 나누고 운전수 옆에 앉았다. 용달차가 움직이자 나와 성완이는 잘 가라고 손을 흔들었다. 그 여자는 우리를 쳐다보지 않았다.

방 안이 텅 비워졌다. 이불도 다 가져가고 꼴랑 두 개만 남겨 놓았고, 방에는 아버지 옷이랑 밥상 하나만 있었다. 우리는 그 여자가 떠난 뒤 부족한 대로 이틀을 그 집에 더 있다가 아버지와 영월 우리 집으로 왔다. 그때가 12월 말이었다.

엄마 말에 따르면 12월 말 월세계약이 끝나기 전에 아버지 문제가 해결되도록 기도를 많이 했다고 했다. 그 여자는 우리를 보고도 계속 살려고 했고, 아버지는 어느 순간 정신 차린 후 강하게 그 여자를 밀어내었다. 결국은 다툼 없이 정리되었다.

온 식구가 새해를 영월 우리 집에서 맞이하고, 아버지랑 큰집에 놀러 다니면서 보내는 겨울이 즐거웠다. 영월은 겨울이 춥고 눈이 엄청 내린다. 하루 종일 눈밭에서 놀다 보면 얼굴도 트고 손도 튼다. 그래도 아랑곳하지 않고 동네 아이들과 신나게 놀았다.

아버지 따라 옮겨 다니다

구정을 영월에서 친척들과 잘 보낸 뒤 엄마는 집을 급하게 팔았다. 그리고 곧 우리 식구는 충주로 이사를 갔다. 왜냐하면 아버지가 충주 비료공장에 취직했기 때문이었다. 충주의 우리 집은 큰방하나, 부엌 하나, 빈 가게 하나 딸린 집이었다. 빈 가게는 비 오는 날 우리 형제들에게는 최고의 놀이 공간이 되었다.

나는 3월이 되자 초등학교에 입학했다. 첫날은 엄마랑 같이 갔고, 그다음 날부터는 혼자서 20분쯤 걸어서 다녔다. 나는 학교 가는 것이 무척 재미있고 좋았다. 또래 아이들이 많아서도 좋았고, 사촌 언니들과 놀면서 이미 한글을 2년 전에 뗐고 간단한 더하기 빼기도 가능하다 보니 학교에서의 공부가 쉬워 재미있었다.

어느 선선한 가을날 학교에서 돌아왔는데, 남동생 둘이 빈 가게에서 놀고 있고 방 안에는 흰옷 입은 아주머니가 있었다. 엄마가 동생을 낳으려고 하자 도와주기 위해서 와 있던 산파였다. 나도 방에 들어가지 못하고 동생들과 함께 있으면서 빨리 동생이 태어나기를 기다렸다. 한참을 기다려도 애기 울음소리는 나지 않았고 대신 외할머니가 오셨다. 할머니는 오자마자 부엌으로 가서 우리 밥을 차려 가게로 가져오셨다. 아침에 먹었던 반찬 그대로였지만 우리는 점심을 못 먹은 상태라서 맛있게 먹었다. 밥을 먹은 후 동생 둘을 데리고 동네 공터에 나가서 놀았다.

오후 늦게 집에 돌아오니 갓난아이가 엄마 옆에 누워 있었다. 우리는 모두 막내 동생을 쳐다보며 신기해했다. 저녁에 아버지가 오고, 모두 함께 저녁으로 미역국을 먹었다.

엄마는 예수 믿고 병 고침을 받고 넷째까지 낳았지만, 충주로 온 후 교회를 다니지 못했다. 육아와 가사노동에 파묻혀 숨 돌릴 여유가 없었다. 게다가 아버지가 일요일 날 늦잠을 자다 보니 교회 가는 시간과 아침 먹는 시간이 맞물려 있었다. 엄마는 목사님 설교를 통해 은혜를 받고 싶은 마음이 꿀떡 같았지만, 그 당시 처한 생활환경이 그러한 소망을 차단해 버렸다.

그래서 엄마는 혼자서 틈나는 대로 성경 읽고, 기도하고, 찬송 부르며 하나님께 나아가기를 애썼다. 엄마는 식구들 눈에 띄지 않게 기도를 했는데, 간혹 내가 엄마 기도하는 모습을 보거나 그 소리를 들었다. 우리말과 이상한 말을 섞어 가며 기도했다. 처음에는 정말 이상하고 무서운 생각까지 들었다. 그때 나는 엄마가 넷째를 낳고 머리와 혀에 병이 났다고 생각했다. 그래서 아버지한테는 절대로 말하지 않고 비밀로 간직해야겠다고 다짐하곤 했다. 엄마 머리가 아파서 이상한 소리를 한다는 것을 아버지가 알면 또 어떤 여자를 데려올 것이라고 어린 마음에 나 혼자 오해하고 있었다.

해가 바뀌고, 나는 2학년이 되고 막내는 두 살이 되었다. 1972년 울산 조선소 기공식이 신문과 방송을 통해 알려지면서 아버지는 친구분과 1973년 6월 울산으로 내려갔다. 동시에 엄마는 자녀 넷을 이끌고, 영월 첫째 큰집으로 들어갔다. 우리가 충주 있을 때 화력발전소 다니던 큰아버지가 회사에서 돌아가셨다. 그러자 큰엄마는 모든 걸 정리하고 자신의 형제들이 있는 서울로 이사를 간 상태였다. 친할아버지 때문에 집은 그대로 남겨 두었다. 그래서 우리는 울산에 내려올 때까지 그 큰집에서 할아버지와 같이 살았다.

엄마는 그때 고향에 온 느낌이었다고 말했다. 엄마를 전도했던 희수 엄마도 우리가 돌아온 것을 너무나 기뻐했다. 희수 엄마의 도움으로 우리는 다시 주일마다 교회에 가게 되었다. 우리를 반겨주는 사람이 많아서 교회 가는 일도 즐거웠다. 나는 충주에서 영월 봉래초등학교로 전학을 왔음에도 불구하고 전혀 낯설지 않았다. 교실에는 언덕배기 동네에서 같이 놀았던 낯익은 얼굴이 몇 명 있었고 그들 또한 나를 알아보고 금세 친해졌다. 학교에서는 친구들과 즐거웠고 집에서는 할아버지랑 동생들과 노는 것이 즐거웠고, 둘째 큰집에 가면 사촌 언니들과 즐거웠다. 그때는 적어도 나에게 만큼은 행복한 나날의 연속이었다. 반면에 엄마는 몸과 마음이 다 힘든 시기였고, 주일 예배를 통해 위로와 힘을 얻어 하루하루 살아내고 있었다.

영월로 들어온 그해 12월초 아버지로부터 연락이 왔다. 아이들을 위해서 초등학교 근처에 셋집을 장만했으니 울산으로 내려오라고 했다. 엄마는 부지런히 떠날 준비를 했고, 할아버지는 섭섭해했다. 우리랑 좀 더 오래 살기를 바랐던 것 같다.

나는 12월 어느 날 작은 가방 두 개를 양손에 들고 또 엄마랑 지루한 열차를 타고 울산에 내려왔다. 열차에서 내리자마자 엄마가 했던 말과 모습이 지금도 그대로 떠오른다.

　엄마: 아 날씨 따뜻하다. 현숙아 안 춥지?
　나: 응, 영월에는 눈이 있는데 여기는 하나도 없어.
　엄마: 정말 그렇네.

　다음 날 아침 일찍 엄마는 막내를 업은 후 나를 데리고 전하초등학교로 데리고 갔다. 1층 행정실에 이전 학교에서 준 서류를 제출하고 교무실에 2학년 담임을 찾아 올라갔다. 우리 아버지보다 나이가 훨씬 많아 보이는 남자 선생님이었다. 엄마는 선생님께 인사를 하고는 가 버렸다. 나는 선생님을 따라 교실에 갔다. 교실에 들어가 교단 위에 섰을 때 나는 콩나물시루 같은 교실 풍경이 신기하기만 했다. 전에 다녔던 학교와는 완전 달랐다. 교실 한가운데만 통로가 있었고, 양쪽으로 책상이 따닥따닥 붙어 있었다. 약 100명가량의 학생들이 그 좁은 교실에 앉아 있었다. 절반 이상이 부모 직장 따라서 전국에서 전학 온 아이들이었다. 그 시절 울산 동구에 현대 조선소로 인해 공업단지가 확장됨에 따라 사람들이 계속 유입되었다. 따라서 교실뿐만이 아니라 주택, 식수, 공공시설 등 모든 제반 시설이 부족한 상태였다.

　담임 선생님: 다니던 학교에서 쭉 일등 한 똑똑한 학생이 전학 왔다. 급우들에게 인사해라.

나: 예. 나는 어제 울산에 처음 온 고현숙이야. 모두가 친구가 되었으면 좋겠어.

담임 선생님은 둘째 줄 통로 쪽에 앉아 있던 남자애를 뒤로 보내고 그 자리에 나를 앉혔다. 나중에 안 사실이지만 그 자리가 쉬는 시간에 화장실 들락거리기에 딱 좋은 자리였다. 안쪽에 앉은 아이들은 오줌 싸지 않으려면 책상 위를 기어 나와야 했다. 전학온 지 이틀 만에 2학년 마지막 시험을 쳤다. 나는 올백을 맞으면서 105명 중 일등을 했다. 엄마는 그 성적표를 오랫동안 간직하고 있다가 내가 고등학생이 되었을 때 주었다.

울산에 온 지 며칠이 지났을 때 엄마는 두 살 된 막내를 업고 또 영월에 갔다. 둘째 큰집에 성완이 성종이를 맡겨 놓고 울산에 왔기 때문이다. 엄마는 3일 만에 남동생 둘을 데리고 왔다. 드디어 우리 식구가 모두 모였다. 방 하나에 부엌 딸린 좁고 볼품없는 집이었지만 식구가 다 함께 있어서 엄마도 나도 기뻤다. 우리는 이렇게 울산에 정착하게 되었다.

첫 시련을 통해 교회로 간 발걸음

울산에 내려와 겨울을 보내고 첫 봄이 옴과 함께 나는 3학년, 성완이는 1학년, 성종이는 6살, 현주는 3살이 되었다. 모든 식구가 울산 생활에 적응되어 갈 무렵 엄마 아버지에게 큰 걱정거리가 발생했다. 막내 현주의 다리가 180도 틀어지는 사건이 발생했다. 혼자 잘 걷던 아이가 자꾸 넘어지고 어느 날부터는 앉아서 일어서지를 못하더니 갑자기 한쪽 다리가 180도 틀어져서 발꿈치가 앞으로 오고, 발가락이 뒤로 갔다.

엄마는 그때부터 현주를 업고 울산에 있는 소아과 병원을 찾아다녔다. 병원에서 내린 진단은 후천성 소아마비라고 했다. 병원을 다니면서 현주의 발열과 통증은 없어졌지만, 틀어진 다리가 돌아오지 않아 걷지를 못했다. 저녁마다 엄마랑 아버지는 현주 다리를 쳐다보며 걱정을 했다. 나도 180도 돌아간 현주 발을 만져 보면서 신기해했던 기억이 있다. 나는 동생이 어떤 약을 먹고 어떤 치료를 받았는지 전혀 모른다. 그렇지만 소아 후천성 소아마비는 그 당시나 오늘날이나 치료 방법이 비슷하지 않을까 생각한다.

현주 다리가 빨리 회복되지 않자, 한 의사는 엄마에게 그냥 포기하고 아이가 더 자라면 걷는 연습을 시키라고 했다. 그때 엄마는 가슴이 덜컹 내려앉으면서 머릿속이 빙빙 돌았다고 했다. 집에 돌아온 후 엄마는 현주 다리를 붙잡고 울면서 하나님께 짧은 기도를 한 후 애를 다시 업고 나갔다. 그리고 집에서 가장 가까운 교회를 찾아보았다. 그곳이 전하교회였다.

평일 낮이라 본당에는 사람이 없어서 현주를 업은 채 앉아서 엄마는 기도했다. 울산 내려와 주일을 지키지 못한 것부터 회개기도를 쏟아내자 눈물 콧물이 저절로 흘러내렸다. 엄마는 평소에도 말수가 적은 사람이라 우리말 기도보다는 방언으로 기도를 많이 했다. 엄마는 그날 우리말과 방언으로 한 시간 이상을 기도했지만 우리말 기도는 딱 세 문장 외에는 입에서 나오지 않았다고 했다.

"저는 죄인입니다. 주여, 저를 불쌍히 여기소서. 현주 다리를 완전히 고쳐 주세요."

엄마는 집에 온 후, 잠든 현주를 방에 눕혀 놓고 저녁준비를 했다. 아버지가 집에 오자 곧 저녁을 먹었다. 식후 엄마는 설거지하느라 부엌에 있었고, 아버지는 앉아 있는 현주를 보다가 엄마를 큰 소리로 불렀다. 왜냐하면 현주 발이 정상으로 보였기 때문이다. 엄마도 몇 번이나 현주 발을 만져 보았다. 그리고 아이를 일으켜 세워 보았다. 현주가 꼿꼿이 서 있을 뿐만 아니라 걸음을 떼면서 걷는 것이 아닌가. 엄마랑 아버지는 눈앞에서 벌어진 기적을 본 것이다. 엄마는 그 자리에서 하나님께 감사기도를 했고 아버지와 우리는 그냥 현주 걷는 모습만 쳐다보았다.

그날 이후 엄마는 전하교회에 등록해서 주일 예배, 새벽 예배를 빠짐없이 다녔다. 아버지는 교회는 다니지 않았지만 엄마 신앙생활에 전혀 간섭하지 않았다. 한 번씩 철야 기도회에 가느라 아이들을 맡기고 가도 별다른 불평을 하지 않았다. 엄마는 아버지의 그런 태도도 참 신기하다고 말했었다. 아버지는 지극히 세상적인 사람이었고, 엄마한테 잔소리도 심하고 자식들한테도 이래라저래라 주문이 많았던 흔히 말하는 꼰대 같은 사람이었다. 그런데 엄마와 자식들이 교회 다니는 것에는 너무나 관대했다. 나도 이 점이 내가 성인이 된 다음에도 신기했다.

연탄보일러 아파트에서 일어난 일

내가 5학년 때쯤 전하 2단지라고 불리던 아파트로 이사했다. 울산 동구 사람들이 거의 다 알고 있는 만세대보다 훨씬 전에 지어진 3층짜리 진한 회색의 연탄보일러 아파트였다. 세면대와 양변기를 갖춘 수세식 화장실, 방 두 개, 부엌 하나 이런 방들을 연결하는 좁은 마루로 이루어진 좁고 단순한 구조의 아파트였다. 그나마 우리 집은 1층이라서 앞마당을 마음껏 사용할 수 있었다. 오늘날 아파트에 비하면 열악하기 이를 데 없지만, 그 시절 회사 직원들에겐 분양받기를 간절히 바라던 아파트였다. 현대 조선소 입사 순서대로 배정되었기 때문이다.

입주 후 몇 년간은 별 탈 없이 살았다. 하지만 성종이가 초등학교 2학년 겨울방학에 본의 아니게 일을 저질렀다. 엄마가 물을 한 솥 끓여서 찬장 옆에 내려놓고 시장 보러 잠시 나갔다. 그 사이에 놀다가 들어온 성종이가 부뚜막에 올라가 찬장 제일 끝 칸에 동전이 있는지 찾다가 발을 헛디뎌 한 발이 뜨거운 솥에 빠졌다. "아악!" 하는 비명소리와 함께 동생이 뛰쳐나가 마당에 울면서 뒹굴었다. 나는 그때 방에서 겨울방학 숙제를 하고 있다가 얼른 나갔다. 동생의 신발을 벗기고 양말도 얼른 벗겼다. 나일론 양말에 살가죽이 그대로 붙어 벗겨지면서 발등에 핏물이 비쳐 동생 발이 빨갛게 보였다. 나는 동생 양말을 든 채 무서워서 울었다. 1층 옆집 아주머니들이 차례로 나오면서 웅성거렸다. 그리고 한 아주머니가 물 같은 액체를 동생 발에 부었는데 그것이 무엇이었는지 모르겠다. 동생은 더 크게 울부짖었다. 그때 엄마가 와서 동생 발을 보고 얼른 약국으로 뛰어갔다. 약국이 우리 아파트 담 너머에 바로 있어서 엄마는 곧 올 수 있었다. 끈적한 약이 잔뜩 묻어 있는 화상용 가아제로 발 전체를 감싸 주었다. 잠시 시간이 지나자 동생은 울음을 그쳤고, 그대로 하루를 보냈다.

다음 날 병원에 가는 대신 전날 했던 대로 화상용 가아제를 갈아 주었다. 그 외에 별다른 치료를 하지 않았다. 매일 가아제를 갈아 주고 가려워하면 소독약을 가아제 위에 뿌려 주고 하면서 상처가 아물기를 기다렸다. 방학이 끝나갈 무렵 가아제 없이 연고만 발라 줘도 될 만큼 나았다. 동생은 발에 대해서 불평 한마디 없이 학교를 잘 다니고 잘 놀았다. 하지만 성종이가 성장함에 따라 발등 전체도 쭈글쭈글해지고 발목 부분 혈관 지나가는 곳에 살이 당겨서 굵게 울퉁불퉁하게 되었다. 그때는 잘 몰랐지만 오늘날 흔적을 보면 작은 화상이 아니었다. 엄마는 그것을 볼 때마다 자신이 무지해서 병원 데려갈 생각을 못 했다고 스스로를 질책하곤 하였다. 엄마 마음이 많이 아팠던 것 같다.

연탄보일러 아파트에 살면서 또 한 번 안 좋은 일이 발생했다. 중독의 세기는 달랐지만 식구 모두가 연탄가스에 취해서 쓰러진 사건이 있었다. 모양은 아파트였지만, 내부는 연탄을 때는 온돌방 구조인지라 일산화탄소의 환기에도 주의해야 했다. 부엌 창문, 부엌문, 현관문에 있던 환기통을 잠자기 전 열고 닫기를 잘해야 하는데, 한 날 엄마가 실수를 했다. 열어 두어야 할 부엌 창문은 꼭 닫고, 닫아야 할 부엌문은 열어 둔 채 잠이 들었다. 새벽녘에 내 방문 앞에서 "쿵-" 하는 소리가 났다. 나는 깨어나 문을 열어 보았다. 화장실에 가려고 큰방에서 나온 성완이가 쓰러져 있었다. "성완아, 일어나 봐." 흔들어도 눈만 떴다가 감고는 일어나지를 못했다. 나도 약간 어지러웠지만, 열려 있는 큰방에 들어가서 엄마 아버지를 깨웠다. 아버지는 잘 일어났고 엄마는 의식은 있는데 일어나지를 못했다.

아버지는 나보고 현관문을 활짝 열라고 말한 후, 성완이, 성종이, 현주를 앞마당 시멘트 바닥에 한 명씩 눕혔다. 나는 엄마를 부축해서 바깥으로 나왔다. 늦가을이었던 것 같다. 새벽공기가 좀 차고 추웠다. 제일 먼저 엄마가 깨어나고 다음엔 성완이, 성종이 순이었다. 현주가 깨어나지 않아 엄마가 안아서 일으키자 눈을 뜨고 "엄마-" 부르더니 코피를 흘리기 시작했다. 멈추지가 않았다.

우리 아파트에 아버지 직장 동료면서 자가용을 가지고 있던 분이 현주와 엄마를 태우고 해성병원(현재 울산대학병원) 응급실로 갔다. 하지만 그곳에서 치료가 불가능하다고 해서, 병원차로 부산대학병원으로 이송되었다. 가는 도중에 현주는 코에서 넘어간 피가 입으로도 벌컥벌컥 나왔다고 했다. 그때 엄마도 가스 중독이 다 풀린 상태가 아니라 속이 매스껍고 어지럼증으로 쓰러질 지경이었다고 했다. 현주의 모습을 지켜보는 엄마의 마음은 해산할 때보다 훨씬 고통스러웠다고 한다.

현주의 코피가 병원에서 이틀째 되던 날 멈추었다. 엄마는 정신을 가다듬고, 현주를 돌보면서 집에 있는 우리도 챙기느라 저녁마다 전화했다. 아버지가 중간에 한 번 병원에 갔다 와서는 이렇게 말했다. "현주는 괜찮아 보이던데, 네 엄마는 다 죽어 가더라." 엄마가 얼마나 힘들게 있었는지 짐작이 가는 말이었다. 내가 보지는 못했지만 엄마는 분명히 하나님께 매달리며 기도하고 있었을 것이다. 그때 나는 중학교 2학년, 성완이는 6학년, 성종이가 4학년,

현주가 초등 1학년이었다. 엄마가 이 사건을 돌아가시기 몇 년 전에도 얘기를 하길래 나는 물어보았다.

> 나: 현주가 연탄가스로 코피를 흘린 거야, 아니면 다른 원인이
> 있었던 거야?
> 엄마: 몰라, 기억이 안 난다. 의사가 뭐라고 말을 했어도 내가
> 알아듣지 못했을 거야. 그때 내가 제정신이 아니었어.

그 시절 인생이라는 광야에서 엄마는 우리를 안고, 하나님은 엄마를 안고 삶의 시간이 흘러갔다.

4

40대 이야기 (1979-1988)

얼떨결에 현대 중전기 들어가다

엄마는 울산에 내려온 지 일 년이 지나자 어린 자녀들을 옆에 끼고 할 수 있는 일을 쉬지 않고 했다. 아버지가 힘든 일을 긴 시간 노동을 했어도 현대 중공업 초창기 생산직 직원들의 월급은 그에 비해 너무나 적었다. 게다가 아버지의 술값도 만만치 않게 나가다 보니 엄마는 허리띠를 졸라매고 살아도 먹고 사는 것이 빠듯했다. 엄마는 원래도 부지런한 사람이지만 그 당시 눈에 들어온 성경말씀을 되뇌이면서 일을 했다고 한다. 잠언 10장 4절 말씀이다.

[손을 게으르게 놀리는 자는 가난하게 되고, 손이 부지런한 자는 부하게 되느니라]

이쑤시개 뒤에 반짝이 붙이기, 술빵 만들어 전하시장가서 팔기, 해성 병원 간호사 숙소 청소하기, 교보생명 다니기 등 쉬지 않고 일을 했다. 그러다가 연탄보일러 아파트 같은 동에 살던 한 아주머니가 취업에 대한 정보를 주었다. 현대 중전기에서 여자 생산직 정직원을 뽑으니 가 보자고 했다. 엄마는 얼떨결에 따라나섰고 그 길로 회사를 다니게 되었다. 그때가 1980년 엄마 나이 41살이고 막내가 초등학교 2학년이었다.

현대 중전기 입사와 함께 엄마의 삶은 너무나 바쁘고 고단해졌다. 새벽에 일어나 교회 갔다 오고, 아침식사 차리고, 우리 도시락을 싸야 했다. 내가 고등학생이고 남동생 둘이 중학생일 때는 도시락을 4개나 싸야 했다. 오늘날과 같은 학교급식이 없던 시절이라 엄마의 가사노동은 엄청났다. 아버지가 가장 먼저 출근하고, 다음엔 우리들이 하나씩 학교 가고, 마지막으로 엄마와 막내가 집을 나서서 엄마는 회사로 막내는 학교로 가곤 했다. 또한 퇴근 후 식구들 저녁을 먹이고 설거지를 끝내고 나면 엄마는 그야말로 파김치가 되어 쓰러져 잤다. 간혹 우리가 TV를 늦게까지 켜놓고 있어도 엄마는 깨지 않고 새벽까지 잤다. 피곤에 지쳐서 아무 소리도 듣지 못하는 것 같았다.

내가 대학 1학년이었던 여름방학 때, 엄마 회사 같은 부서 동료들이 우리 집에서 저녁 식사를 한 적이 있었다. 나이 든 아저씨, 엄마 또래 아주머니들, 총각들을 다 해서 열 명이 넘었다. 엄마가 서부동에 2층 집을 사자, 직장 동료들이 집들이하기를 원했고, 엄마도 그들에게 식사대접을 한 번 해야겠다고 생각을 하다가 일 년이 지난 뒤 날을 잡았다. 엄마는 월차를 이틀 내고 손님 맞을 준비를 했다.

손님들: 이 많은 음식을 혼자서 어떻게 했어요?

엄마: 딸이 많이 도와줬어요.

손님들: 현숙 씨, 어머니는 회사에서 하나님, 예수님 얘기밖에 안 해요. 일요일 날 같이 놀러 가자고 하면 교회 가야 한다고 거절하고, 회식 때는 자식들 밥 때문에 가야 한다고 얼른 가 버리고. 오직 회사일, 집안일, 교회밖에 모르고 사는 것 같아요.

총각 A: 코일도 정확하게 잘 감으시고, 나이 어린 우리에게도 항상 존댓말을 쓰시고, 매사에 점잖게 말씀하셔서 우리가 배울 점이 많습니다.

나는 손님들의 얘기를 들으면서 엄마가 직장 동료들과 조금 구별된 행동을 하지만 좋은 평가와 신뢰를 어느 정도 얻고 있다고 생각했다. 그리고 엄마가 회사에서 어떤 일을 하는지 알게 되었다. 전선 코일을 감고, 자르고, 포장하는 일이었다. 역시 손을 부지런히 쓰는 일이었다. 반면에 왜 직장에서까지 교인임을 티를 내고 다닐까? 하며 나는 속으로 못마땅해하기도 했다. 그런데 내가 지금에 와서 그때를 돌이켜 보면, 엄마는 그리스도인의 정체성을 확실히 가지고 있었다는 생각이 든다.

엄마는 40대, 50대 직장생활을 하는 동안 기도의 힘으로 살았다. 따라서 성령의 단비를 날마다 체험하였다. 성령님이 깨우쳐 주시는 말씀들을 메모했고, 그것들을 노트에 옮겨 적은 것이 몇 권이나 되었다. 나는 그것들을 거의 다 읽어 보았지만, 영이 캄캄한 나일론 신자였던 내가 그것을 이해하지 못했다. 엄마는 이사 다니면서, 또 중간중간 집안 정리를 하면서 그 노트들을 다 버렸다. 나중에 나는 그 노트들의 내용을 기억해 보려고 노력해 보았으나 버려진 성령의 말씀들은 돌아오지 않았다. 인쇄되어진 문학이나 잡지 등을 읽고 기억하는 것과는 차원이 다르다는 것을 알게 되었다. 엄마는 자신이 만난 하나님과 신앙체험에 대한 놀라운 간증이 있었지만 그것을 사람들에게 쉽게 말하지 않았다. 늘 자신의 이야기는 다 빼고 담백하고 진솔하게 예수님을 전하였다. 시간이 흘러가면서 직장동료 중 4명이나 교인이 되었다. 나의 고등학교 후배인 연희 엄마, 만자 아줌마, 청년 두 사람이다. 연희 엄마랑 만자 아줌마는 돌아가셨고, 청년이었던 두 분은 이제 60대 후반과 70대 초반의 할아버지가 되어 우리 동네에 지금도 살아 계신다. 가끔 길을 가다가 만나기도 하는데 꼭 엄마 얘기를 빠뜨리지 않고 하신다.

"어머니처럼 믿음 좋으신 분을 만나서 지금까지 예수 믿고 있네."

엄마는 현대 중전기에서 58살까지 다니고 나오셨다. 17년 동안이나 정말 열심히 다니고 열심히 벌었다. 엄마 몸이 강체질이 아님에도 너무 바쁘게 살다 보니 아픈 것도 느끼지 못하고 살아온 것 같다. 엄마와 아버지의 피 땀 어린 노동의 대가로 우리 집의 재정은 늘어갔고, 그 경제적인 혜택은 자식들의 몫이 되었다. 우리 형제들은 부잣집에 태어난 것은 아니었지만 아버지, 엄마의 큰 그늘 아래에서 편안하고 부족함 없이 자라게 되었다.

생명책을 보고 상한 심령이 되다

엄마에게 있어서 직장생활은 좀 더 윤택한 생활의 수단이 되었고, 가정에 대한 헌신은 [자식은 하나님의 기업이자 상급]이라는 말씀이 토대가 되어 불철주야 힘쓰며 살도록 삶을 이끌어 주었다. 엄마는 이러한 삶이 이생에서의 자신의 소명이라 여기며 한 해 한 해 살아나갔다. 그러던 중 40대 중반이 되었을 때 엄마는 선명하고도 신기한 환상을 보게 된다.

새벽 예배가 끝나고 개인기도를 하는데 강대상 정중앙에 있는 큰 십자가 앞에 하얀 빛과 함께 성경책처럼 생긴 책이 눈앞에 펼

처졌다. 그것의 크기는 성경책의 10배는 되어 보이는 책이었다. 크고 두꺼운 책이 펼쳐진 흰 부분에 엄마 이름이 크게 쓰여진 것을 보았다. 놀라움으로 쳐다보는데, 더 신기한 것은 책장이 하나씩 넘겨지면서 엄마 눈에 낯익은 이름이 보였다. 영월에서 엄마에게 기도받고 전도되었던 몇 사람의 이름들이 있었다. 더 이상 이름이 보이지 않자 그 책도 사라지고 엄마는 눈을 떴다.

그것이 성경 속에 등장하는 생명책이라는 사실이 저절로 알아졌다. 성령께서 그러한 환상을 보게 하신 이유를 다시 하나님께 묻는 기도를 했다. 엄마에게 돌아온 성령의 음성은 이러했다.

"돈 버는 것도, 자식 키우는 것도, 너의 신앙생활도 중요한데 그렇다면 너의 중요한 사역지는 어디냐?"

엄마는 생명책에 자신의 부모나 형제나 자녀의 이름조차 하나도 없는 것에 대해 마음이 아파 오기 시작했다. 혈육에게 복음을 전하지 못한 것을 회개했다.

사실 친가 외가를 통틀어 예수님을 믿게 된 사람은 엄마가 처음이고 두 번째는 나였다. 한마디로 복음의 불모지 집안이었다. 그러니 엄마가 친척을 전도하기가 남보다 더 힘들었을 것이다. 엄마는 환상과 성령님의 음성을 통해 전도는 생활과 분리된 것이 아니라 삶 속에서 늘 동행하는 것임을 알게 되었다.

[사랑하지 아니하는 자는 하나님을 알지 못하나니 이는 하나님은 사랑이심이라] 요한일서 4장 8절

이 말씀을 성령의 인도하심으로 감동을 받고 엄마는 자신의 사역지가 친지들을 다 포함한 가정이라 깨닫게 되었다. 그때부터 엄마는 주님의 사랑을 마음에 가득 담고 베풀면서 그리스도인의 모습을 보여 주었다.

남편 없이 조카들과 서울에 사는 큰형님부터 챙기기 시작했다. 틈나는 대로 안부 전화를 드렸고, 집안에 문제가 있으면 새벽제단에 가서 눈물로 중보 기도를 했고, 울산에 내려와서 며칠 지내고 가도록 배려도 했다. 서울 작은집 동서에게도, 영월 큰집 형님에게도 마찬가지로 행했다. 아버지가 울산에 내려온 지 3년째 되던 해에 외할머니를 비롯하여 큰외삼촌, 작은외삼촌 가족들도 울산에 내려와 살고 있었다. 엄마는 외삼촌 집들도 자주 들러보고 자신의 능력 안에서 물심양면으로 도움을 주었다. 특히 외할머니 양 무릎이 점점 나빠져 걸을 수 없게 되자, 주일마다 예배를 갔다 온 후 외삼촌댁에 가서 할머니 목욕을 시켜드렸다. 머리도 항상 깨끗하게 잘라드렸다. 엄마가 팔 수술하기 전까지 그렇게 했다.

근 10년을 군소리 없이 그렇게 하다 보니까 멀리 사는 이모들까지도 감탄하며 고마워했다. 엄마의 선한 행위들로 하나님의 사랑이 친가, 외가에 흘러들어가서 저절로 복음의 열매가 맺히기 시작했다. 지금은 조카들까지 포함해서 친가는 약 60% 정도, 외가는 90%가 교인이다. 엄마의 이때의 삶을 듣노라면 진짜 몸이 열 개라도 부족할 정도로 치열하게 살았음을 알게 된다.

변해 가는 환경 속에서 살아가는 힘

1980년대 현대 중공업이 번창해 가면서 회사에서는 직원 가족들을 위한 아파트를 많이 지어 분양했다. 내가 고등학교 2학년이 되자마자 우리 가족은 현대 2단지라고 불리던 아파트로 이사했다. 그곳은 연탄보일러가 아니고 기름보일러 아파트라서 엄마의 일손을 좀 덜어주었고, 우리 가족이 살기에는 괜찮은 곳이었다. 하지만 오래 살지 못하고 일 년 반 만에 또다시 서부동으로 이사를 했다. 아파트가 아닌 2층으로 지어진 개인주택을 사서 옮겼다. 1층에 살림 겸용 가게가 두 칸 딸려 있어서 우리 집 가계에 도움은 되었지만, 2층은 생활하기에 불편한 집이었다. 다락방까지 포함해서 방 4개가 연탄보일러로 각각 설치되어 있었다. 연탄을 옮기고 갈고 하는 일이 귀찮고 힘들었다. 그 모든 게 또 엄마가 담당해야 하는 일감이었다.

엄마는 다니던 교회가 멀어져서 새벽 예배에 참석하기 힘들었다. 걸어다니던 회사도 버스를 타고 다녀야했다. 대신에 아버지는 훨씬 편해졌다. 출퇴근하는 데 10분이면 되고, 아버지가 좋아하던 술집도 집 근처에 널려 있고, 고향 친구도 근처에 살고 있어서 일요일 날 같이 어울려 다니며 시간을 보냈다. 우리 형제들은 서부동 집에서 청소년기를 보내고 성년으로 무탈하게 성장했다.

엄마는 교회 옮기는 것에 대해서 며칠을 고민하다가 결국은 집 앞에 있던 교회에 등록했다. 엄마 생각에는 교회가 가까워서 동생들도 교회 출석을 잘하겠지라는 기대감이 있었던 것 같다. 그러나 그것은 엄마만의 희망사항으로 끝났다. 동생들은 어릴 때는 엄마를 따라 교회를 곧잘 다녔지만, 커 가면서 교회와 멀어지기 시작했다. 그렇다고 엄마가 그것을 가지고 자식들을 혼내거나 가라고 강요하지도 않았다. 언젠가는 스스로 하나님께 돌아오는 날이 오겠지 하면서 그냥 동생들 편한 대로 살게 두었다. 또한 부모 말보다는 자신들의 이성에 따라 행동하는 나이들이 되었음을 엄마는 인식했던 것 같다.

엄마의 40대는 한마디로 안팎으로 전심전력 질주하는 삶이었다. 그리고 변해 가는 사회 속에서 자녀들과의 관계, 직장 동료들과의 관계, 친인척들의 영혼 구원에 대한 갈급함 등 내적 고민들도 끝없이 몰려오던 시기였다. 언젠가 엄마와 얘기하던 중 어떤 힘으로 그렇게 열심히 살 수 있었냐고 물었더니 성경에서 마태복음 11장 28절 말씀을 찾아 보여 주었다.

[수고하고 무거운 짐 진 자들아 다 내게로 오라 내가 너희를 쉬게 하리라]

엄마: 예수님이 이 땅에 사는 우리 인간들을 명하기를 '수고하고 짐 진 자들'이라 하셨으니, 나또한 그러한 사람이겠지. '오라' 하셨으니, 하나님께 나아갔고, 날마다 나의 영혼에 생수를 부어달라고 기도했어.

엄마는 생명의 근원이신 하나님을 전적으로 믿고 의지하였다. 또한 말씀 붙잡고 기도를 통하여 내적 평강을 누렸고 그러한 것들이 삶의 원동력이 되었다고 고백했다.

Part 3

세
상
을
이
기
는
힘

1

50대 이야기 (1989-1998)

소리에도 종류가 있다

서부동에서 산 지 9년째 되던 해에는 우리 형제 4명 중 나와 성완이는 직업인이 되었고, 성종이와 현주는 학생의 신분이었다. 성완이는 현대공고 자동차학과를 나와서 곧장 현대자동차에 취업이 되어서 다니고 있었고, 나는 대학 졸업 후 토플(TOEFL) 강의를 외국어 학원과 금호석유, 고려화학에서 하고 있었다. 오늘날은 회사의 취업, 진급, 그리고 대학교 전과까지도 거의 토익(TOEIC) 점수를 요구하지만, 그 당시에는 토플이 쓰이고 있었다.

우리 식구 모두가 각자의 위치에서 순조롭게 일상을 보내던 중 아버지가 살던 집을 헐고 깨끗하게 새집을 짓겠다고 했다. 그때 당시 우리 집은 겉보기에는 멀쩡하고 좋아 보였지만 속은 아니었다. 1층은 그나마 조금 괜찮았지만, 2층은 참 불편했다. 여름에는 너무 덥고, 겨울에는 외풍이 세고, 비 오는 날에는 보이지 않는 틈새로 물이 새고, 방마다 연탄을 때니 손 가는 일이 많았다. 아버지가 엄마와 의논도 없이 술 한잔 얻어먹고 급하게 계약해서 산 집의 결과였다.

공사를 하는 동안 우리 식구가 거처할 집을 구하기 위해서 엄마가 알아보려고 했을 때 그 동네 반장 아저씨가 먼저 와서 자기네 집으로 오라고 했다. 반장 아저씨는 단칸방을 여러 채 지어서 달세를 놓고 있었다. 엄마는 두 채를 얻어서 하나는 아버지와 남동생 둘이 썼고, 나머지 하나는 엄마와 나 그리고 여동생이 썼다. 우리 집 옆에 약간 높은 지대에 있던 집이라 여러모로 편리했다. 식구들끼리 리어카로 짐을 옮겨도 충분했고, 공사 내내 일의 진척도를 눈앞에서 볼 수 있어서 좋았다. 게다가 나는 토, 일 양일간 반장 아저씨 둘째 딸의 영어과외를 해서 수입이 늘어나 좋았다.

아버지는 재건축에 관한 모든 것을 업자에게 맡겼다. 사실 아버지도 엄마도 일을 다니니, 세세하게 관여하고 지켜볼 입장이 되지 못했다. 어느 날 업자가 설계도와 건축허가증을 보여 주었고, 공사가 곧장 시작되었다. 콘크리트 2층 집을 헐다 보니 소음과 먼지가 예상보다 심했다. 근처에 사는 사람들과 지나가는 사람들이 한마디씩 했다. "멀쩡한 건물을 왜 헌다냐? 돈 자랑하냐? 똑같은 땅에 새로 지어 봐야 그게 그거지." 이런저런 소리가 들려왔지만, 기초공사가 끝나고 2층 슬라브 공사까지는 평탄하게 진행되었다.

그런데 3층 벽채 공사가 진행되면서 바로 뒷집 아주머니가 노발대발해서 3층을 못 올리도록 야단법석을 떨었다. 우리 집이 3층 건물이 되면 자기 집에 햇빛도 들어오지 않고 시야가 모두 가려진다고 했다. 건축법을 제대로 알고나 지으라면서 엄마, 아버지한테 와서 언성을 높이며 씩씩거렸다. 엄마, 아버지는 아무 대꾸도 없이 업자가 알아서 하겠지 하는 심정으로 듣기만 했다. 뒷집 아주머니는 시청에 민원도 넣고 법정 소송까지 하겠다면서 업자 아저씨와 우리 부모를 괴롭혔다.

이런 와중에 어느 날 아침 나는 뜨거운 커피를 작은 주전자에 가득 타서 공사장에 가져갔다. 일하는 아저씨들께 커피를 한 잔씩 대접해 드렸다. 그때 뒷집 아주머니가 서너 명의 다른 여자들과 함께 공사장으로 왔다. 인부 아저씨들과 보이지도 않는 우리 부모님을 싸잡아 비난하며 공사를 방해했다. 나는 더 이상 참지 못하고 뒷집 아주머니의 말을 받아치기 시작했다.

나: 우리 돈으로 우리 집 짓는데 왜 그러세요?
아줌마: 나이도 어린 게 좀 배웠다고 꼬박꼬박 대드네.
나: 어른답게 말하세요. 창피한 것도 모르세요?

아줌마: 이게 지랄용천하고 있네. 미쳤나!

나: 지랄용천은 아줌마가 하고 있잖아요. 예수 믿고 착한 사람 좀 되세요.

아줌마: 야, 미친년아—

소리 지르며 욕하던 아주머니가 입에 게거품을 물고 쓰러졌다. 따라 나왔던 여자들은 큰일 났다며 허둥거렸고, 인부들과 몇몇 구경꾼들은 웅성거리기 시작했다. 나는 그 자리를 빨리 떠났다. 속으로는 그 아주머니가 죽을까 봐 겁이 났다. 방에 들어온 나는 감정 조절이 되지 않아 오후 한 시에 잡혀 있던 고려화학 영어 수업을 취소했고, 곧장 외국어 학원으로 일찍 갔다. 두근거리는 심장이 잘 가라앉지 않아서 하루를 엉망으로 보내고 저녁 늦게 집에 돌아왔다. 엄마는 나를 보자마자 교회 마당으로 끌고 갔다. 늦은 밤 기도하러 오는 사람들을 위해서 본관 입구에 아주 흐린 전등 하나가 켜져 있었다. 그리고 아무도 없었다. 엄마와 나는 불빛 아래 계단에 앉아서 얘기를 했다.

엄마: 퇴근하고 오니까 반장 아저씨가 오늘 있었던 일을 다 얘기해 주더라. 뒷집 아줌마한테 가서 죄송하다고 빌고 또 빌고 왔다.

나: 죽지 않고 살았네. 엄마가 빌 일이 아닌데 왜 그랬어요?

엄마: 현숙아, 무슨 말을 그렇게 하나? 세상 사람들 소리에는 들

을 게 있고, 흘려보내야 할 것이 있다. 바른 소리, 선한 소리는 귀담아들어야 하지만 나쁜 소리, 허망한 소리, 어리석은 소리 등은 한 귀로 듣고 한 귀로 흘려보내는 거야. 네가 듣기 싫으면 그냥 흘려보내면 되는 거야. 그러면 큰 싸움은 일어나지 않아. 모든 소리에 다 대꾸하면서 살아가는 것은 겉똑똑이들이 하는 짓이야. 예수 믿는 우리는 하나님의 소리, 성령님의 소리, 말씀의 소리를 들어야 해.

나: 엄마가 하는 말의 반은 이해가 되고 반은 이해가 안 되네.

엄마: 네가 아직 성경말씀을 깨닫지 못해서 그래. 내일 아침에 뒷집에 가서 잘못했다고 정중히 인사해라.

나: 잘못은 그 아줌마가 먼저 했어. 나 절대로 사과 안 해요. 엄마나 그렇게 살아요.

엄마는 더 이상 아무 말도 하지 않았고, 우리는 집으로 와서 그냥 잤다. 다음 날 아침 일상은 똑같이 돌아갔지만, 집 짓던 공사가 약 2주 정도 중단되었다. 뒷집 아주머니가 시청에 민원도 넣었고, 우리에게 낭패를 주기 위해 이리저리 알아보고 있었다. 그러다가 우리 집 설계를 한 분이 그 아줌마와 사촌지간임이 드러나면서 일이 풀리기 시작했다. 그 사촌이 뒷집 아줌마에게 그 집도 설계가 변경되어 지어진 집임을 상기시키며, 이해와 관용을 베풀도록 설득했다. 결국 3층의 다락방 높이를 절반으로 낮추고, 뒷집 담을 깨끗하게 페인트칠 해 주기로 약속한 후 공사가 다시 시작되었다. 물론 중간에 업자 아저씨와 인부들 사이에 임금 지불 문제가 좀 있었다. 원래 계획보다 공사가 몇 달 늦어지면서 발생한 문제였다. 하지만 그것도 엄마의 선량하고 현명한 방법으로 해결되었다. 준공검사까지 마무리되면서 8개월 만에 새집으로 입주했다.

대출 하나 없이 가진 돈으로 깨끗하게 지어진 3층 건물 우리 집은 엄마 아버지의 노력에 상응하는 눈에 보이는 결과물이었다. 엄마는 이 또한 하나님의 은혜 속에서 이루어진 것이라 말하곤 했다.

재판에서 이긴 것도 엄마의 지혜

남동생 성종이가 대학 졸업을 앞두고 취업보다는 장사를 해서 돈을 벌고 싶어 했다. 처음에 엄마는 동생의 생각에 반대했다. 직장 생활이 단순하고 월급이 적더라도 고정적인 수입이 최고라며 회사 취업을 권유했다. 또한 [굳은 땅에 물이 고인다]라는 속담을 들어가며 돈을 헤프게 쓰지 않고 근검절약해서 저축하다 보면 원하는 만큼 모을 수 있다고 동생뿐 아니라 우리 모두에게 훈계를 했다. 하지만 우리는 그런 방식을 시대에 뒤떨어진 전통적이고 보수적인 경제관념으로 치부하고 귀담아 듣지 않았다. 결국 남동생은 성남동에서 여성용 구두 장사를 시작했다. 숙녀복, 화장품, 구두 이렇게 3개의 품목이 큰 매장 안에 각각 별개로 운영되어지는 가게였다. 큰 매장 전체의 주인은 숙녀복 사장이었고, 그 사장이 화장품과 구두코너를 세를 놓았던 것이다. 매장 전체 인테리어를 하면서 숙녀복 사장은 가겟세와는 별개로 시설비를 각각 3천만 원씩 받았다. 오늘날의 돈의 가치와 비교해 볼 때 아주 비싼 가게였다. 어쨌든 동생은 열심히 했다. 오픈 행사 두 달간은 장사가 잘되었다. 하지만 시간이 갈수록 신발이 잘 팔리지 않았다. 365일 사람들이 북적거리는 시내 한복판이었지만, 가게를 들락거리는 그냥 구경꾼만 많았다. 가겟세를 주고 나면 동생 인건비가 나오지 않았다. 일 년을 버티다가 장사를 그만하기로 결정했다.

그런데 문제가 발생했다. 숙녀복 사장이 시설비를 받을 때, 만약 가게를 안 하고 나가게 되면 시설비 3천만 원을 다 돌려주겠다고 구두로 약속을 했지만, 전세금 외에는 돈을 내주지 않았다. 임대차 계약서에는 보증금과 달세가 얼마라고 기재되어 있었지만 시설비에 대한 내용은 없었다. 사회경험이 없었던 동생은 어리숙하게 문서계약을 했던 것이다. 나는 법의 도움을 받아 시설비를 받아야겠다고 생각하고 남동생과 함께 법률 사무소 몇 곳을 방문해서 알아보았다. 모두가 같은 말을 했다. 시설비를 받았고, 타인에게 양도할 경우 인정해 준다는 증명서가 있어야 하는데 아무것도 없으니, 소송해 봐야 100% 패소라고 대답해 주었다. 엄마가 이런 상황을 다 듣고 난 후 뜬금없이 이렇게 말했다.

엄마: 성경말씀에 [가이사의 것은 가이사에게, 하나님의 것은 하나님에게 바치라] 했으니, 우리 돈은 우리에게 오게 되어 있어.

나: 엄마, 그 말씀은 지금 우리 상황에 맞는 게 아니야. 가이사 는 로마 황제를 뜻하는 것이고, 로마제국이 이스라엘을 통 치지배하던 시대에 세금을 로마 황제에게 바쳐야 했던 것을 의미하는 것이야.

엄마: 나는 그런 지식은 모른다. 돈이든 사물이든 원주인에게 돌아가는 것이 합당하다는 것을 말씀을 통해 알 뿐이다.

그러면서 엄마는 나에게 누런 종이 쪼가리 한 장을 내밀었다.

[시설비 3천만을 가겟세 잔금과 함께 받았음. 나중에 시설비를 인정해 주기로 합니다. ○년 ○월 ○일 ○○○ 사인]

엄마는 그 당시 가게 시설비라는 개념을 전혀 몰랐다. 돈은 가 는데 계약서나 영수증이 따로 없으니 한 장 적어 달라고 해서 숙 녀복 사장이 연습장을 한 장 찢어 급하게 써 준 것이었다. 나는 그 종이를 가지고 동생과 함께 법률 사무소에 가서 민사소송을 신청 했다.

재판이 있던 날 엄마는 증인으로 참석하여 차분하게 가게 계약

과정을 이야기했고, 동생은 구두로 약속된 시설비에 대한 내용을 한 번 더 진솔하게 피력하였다. 숙녀복 사장도 나름대로 준비를 많이 해서 재판에 임하였으나, 진술 내용의 반 이상이 거짓말이었다. 숙녀복 사장이 뻔뻔하게 거짓말하는 것을 방청석 앞자리에서 듣던 나는 화가 나서 벌떡 일어났다.

나: 재판장님, 저 사람 얘기는 다 거짓말입니다.

나는 곧장 법원 직원들에게 두 팔이 잡힌 채로 끌려나와 퇴장을 당했다. 밖에서 30분쯤 있었는데 엄마와 동생이 웃으면서 나왔다.

결과는 우리가 이겼다. 따라서 시설비뿐만 아니라 소송비까지 다 받아냈다. 엄마는 이 사건이 있은 지 며칠 뒤 나에게 이렇게 말했다.

엄마: 세상 속에서 일어나는 분쟁들은 모두 법원에서 해결할 수 는 없어. 하나님 말씀을 읽고 깨닫다 보면 성경 속에 모든 답이 있다.

식구가 불어나다

엄마의 팔이 어느 날부터 조금씩 아파 오더니 급기야는 손가락 하나 꼼짝하기 힘들 정도의 통증이 왔다. 병원에서는 물리치료나 약으로는 회복이 안 될 정도로 심각하다며 수술을 권했다. 그동안 회사일, 집안일 등 과도하게 힘을 쓰면서 살아온 게 원인이었다. 병명은 팔을 접는 관절에서 큰 통증을 유발하는 힘줄병이었다. 결국 심하게 이완된 심줄을 수술하고 오른팔 전체를 깁스를 했다. 약 10일 후 깁스붕대를 풀었을 때 통증은 없어졌지만, 팔에 힘이 들어가지 않아 손목이 힘없이 축 늘어져 손가락도 움직이지 못했다. 왼손을 이용해서 모든 것을 하려고 하니 어설프고 불편하기 짝이 없었다.

회사에서는 산재로 인정해 주어서 5급 장애로 판정이 났고, 몇 달을 쉬는 동안 물리치료를 꾸준히 받았다. 새벽 예배도 늘 가서 팔이 회복되기를 기도했다. 그럼에도 별 호전이 없자 새벽 예배를 마친 어느 날 그대로 앉아서 오랜 시간을 방언과 우리말로 기도하는 중에 오른쪽 팔에 저절로 힘이 쑥 들어오더니 손가락이 움직이기 시작했다. 그때부터 엄마는 오른팔을 다시 쓰기 시작했다.

그리고 회사도 다시 나가게 되었다. 나중에 5급 장애 판정으로 울산 동구 장애 협회 정회원이 되면서 돌아가실 때까지 이런 저런 사회복지 혜택을 누릴 수 있었다. 이 또한 엄마 노년 생활에 도움이 되었다. 엄마는 자신의 50대를 이야기할 때 인생에서 가장 큰 숙제들을 하나씩 해결하는 시기였다고 말했다.

1992년 첫 자녀 첫 결혼식을 기쁨과 흥분으로 치렀고, 3년 뒤 여동생의 결혼은 조금 더 여유를 가지고 행복한 결혼식을 치렀고, 또 3년 뒤 남동생 결혼은 며느리를 맞이하는 입장이라 마음이 뿌듯했다고 했다. 무엇보다도 여동생이 결혼을 하고 일 년 뒤 첫 손주를 낳자 엄마 아버지는 엄청 기뻐했다. 엄마는 새 생명에 대한 경이로움과 자식을 보는 것과 손주를 보는 기쁨이 또 다르다는 것을 첫 손주 시현이를 통해 알게 되었다고 말했다. 그때까지도 나는 자식이 없었다. 그래서인지 첫 조카가 생긴 것이 너무나 신기했고, 그 조카가 세상에서 제일 예뻐 보였다. 아버지는 사위, 손주, 며느리 등 가족이 불어나는 것을 보더니 살림집이 더 넓어야 편하겠다고 생각을 했다. 그래서 이사 갈 곳을 찾기 시작했다. 그때 아버지보다는 일 년 일찍 퇴직을 하고 고향으로 갈 준비를 하고 있던 친구분이 있었다. 그 친구분이 시세보다 싼 가격으로 아버지에게 집을 팔았다. 엄마는 또 이사를 했고, 그 집이 바로 방어동 3층 집이었다.

방어동 집은 서부동의 집과 연수와 구조가 거의 똑같았지만, 3층 살림집이 훨씬 넓었고, 뒷마당까지 있었다. 게다가 산과 바다가 가깝고 한적한 동네에 집이 위치해 있어서 우리 식구 모두에게 는 편하고 좋은 집이었다. 그때부터 방어동 집은 자녀들과 손주들 에게는 고향과 같은 추억의 집이 되었다.

주일 예배 시간에 본 환상

이사를 한 후, 엄마는 새벽 예배에 다니기가 힘들어졌다. 방어 동까지 새벽차량 운행도 없었고, 누군가 태워 줄 사람도 없었다. 그래서 집 근처 가까운 교회로 가기로 마음의 결정을 하고, 다니 던 교회 마지막 주일 예배에 참석했다. 그날 엄마는 신기한 환상 을 또 보게 된다. 예배가 시작되고 찬양대의 노랫소리와 함께 온 성도의 묵도가 시작되었다. 엄마는 눈을 감고 예배를 위한 기도를 하던 중 영안이 열리고 기도하는 성도들의 모습이 보였다. 약 삼 백 명가량 앉아 있는 성도들 중 드문드문 새하얀 옷을 입은 성도 들의 뒷모습이 보였다. 엄마는 줄을 따라 하얀 옷을 입은 성도의 숫자를 입술을 움직여 세어 보았다. 열댓 명이었다.

엄마는 예배를 마친 후 서부동에서 방어동까지 한 시간이 넘도 록 걸어오면서 풀리지 않는 생각들을 했다. '흰옷 입은 성도들만 생명책에 이름이 있는 자들인가? 아니면 하늘나라 가면 상급이 큰 자들일까? 구원받은 자의 숫자로 보기에는 너무 적은 것 같네. 왜냐하면 성경책에는 예수를 주로 시인하여 마음에 믿으면 구원을 받는다 했는데, 예배드리기 위해 모인 성도들이 다 그렇게 하고 교인이 됐을 텐데, 열댓 명만 구원을 받는다는 것도 말이 안 되네. 교회에는 장로, 권사, 안수집사, 서리 집사 등 직분자들만 해도 교인의 절반 이상은 되는데. 도대체 흰옷 입는 성도는 무얼 뜻할까?'

집에 도착한 후에도 엄마는 흰옷 입는 성도의 정체가 무엇일까를 계속 고민했다. 그러다가 요한복음 3장 예수님과 니고데모가 대화하던 내용이 떠올랐다. 엄마는 성경책을 펴서 3장을 여러 번 읽고 번쩍 머리에 들어온 생각을 답으로 여겼다.

요한복음 3장 3절에 [사람이 거듭나지 아니하면 하나님 나라를 볼 수 없느니라] 이 구절과 5절 예수께서 말씀하신 [사람이 물과 성령으로 나지 아니하면 하나님 나라에 들어갈 수 없느니라] 이 구절을 합하여 읽으면서 흰옷 입은 성도는 바로 [성령으로 거듭난 자]라는 깨달음이 왔다.

그때부터 엄마는 성경을 읽을 때마다 [성령으로 거듭난 자]는 어떤 인격체인지, 어떻게 신앙생활을 해야 하는지 꼼꼼히 살펴보고 묵상하고 기도하고 하셨다. 하나씩 깨달음이 온 것을 나에게 알려 주었지만 나는 제대로 이해를 못 했다. 엄마처럼 나도 겉모습은 성실한 교인인 것처럼 보였지만, 엄마는 영의 사람이었고 나는 육의 사람이었으니 돼지 목에 진주를 걸어 주는 셈이었다. 그 당시에 내 모습이 엄마 눈에 상당히 아둔한 신앙인으로 보였나 보다. 들었던 말들은 다 잊어버렸고 딱 한마디만 지금까지 기억하고 있다.

> 엄마: 말씀대로 순종하고 실천하고 싶다면 제일 먼저 하나님을 깊이 사랑해라.

※ 추가 설명: 흰옷 입은 성도에 대해서 엄마는 암 수술 후 병원에서 꿈으로 보고 공의의 겉옷으로 설명해 주셨다. *제1장 내용 중 [주님께서 이 옷들을 치워 주세요] (2018. 10. 9.)

오른손이 하는 일을 왼손이 모르게

우리는 대중매체를 통해서 기부천사, 도우미 천사, 시민의 영웅담 등을 종종 접하며 살고 있다. 당연히 그들의 모습이 일반 대중에게 좋은 귀감이 되고, 선한 영향력을 끼친다는 것도 부인할 수 없다. 그렇다고 해서 알려진 행위들이 전부는 아니다. 세상은 넓다. 한 동네만 해도 다양한 삶들이 존재하고 그 속에는 보이지 않는, 드러나지 않은 도움의 손길도 존재한다. 크리스천이라면 마태복음 6장 1절-4절까지의 내용을 대부분 외우고 있을 것이다. 믿는 자들이 구제할 때 어떻게 해야 하는지에 대해서 나와 있다. 결론은 오른손이 하는 것을 왼손이 모르게 은밀하게 하라는 것이다. 이 말씀을 많은 사람들이 인용하고 수긍하지만 실천하기는 쉽지 않다. 나도 한때 겸손하고 은밀하게 어려운 이웃을 돕는 척 흉내 내 보았다. 하지만 얼마가지 않아 내 입으로 다 까발리게 되었다. 나 스스로 자랑질을 했었다. 그러나 엄마는 살아오면서 각 시기마다 자신의 능력 안에서 주변의 힘든 사람들을 소소하게 도우며 살아왔다. 대가를 바라지도 않았고 고마움을 몰라도 섭섭해하지 않았다. 그러니 상처 없이 기쁨으로 돌아가실 때까지 그러한 삶을 살았다.

울산에 내려와 전하동에 살 때였다. 옆집에 예린(가명)이네가 살았는데, 우리보다 더 힘들게 살았다. 예린이가 나보다 2살 적었고, 그 아래로 3살 터울로 3명의 동생들이 부모와 함께 살았다. 예린이 아버지는 집 짓는 곳을 따라다니며 미장 일을 하는 사람이었다. 돈을 벌어 부인에게 주는 것이 아니라 술 마시고 화투 치며 돈을 다 날려 버렸다. 집에는 쌀이 없어 제대로 밥도 못 먹고살았다. 엄마는 급한 대로 쌀 한 되씩 사주다가 나중에는 한 포대씩, 그리고는 매달 충분히 먹을 만큼 사 주었다.

우리나라 1980년대는 절대 빈곤이 사라진 때라 말하지만 동네 구석에는 쌀밥 한 그릇 먹기 힘든 가정도 있었다. 예린이 엄마는 영양실조에 빈혈까지 있어서 어디 가서 일도 할 수 없었다. 아이들이 한참 자라던 중간에 예린이 아버지는 집을 나가 돌아오지 않았다. 그때 예린이 엄마와 아이들은 우리 엄마를 따라 전하 교회를 다니기 시작했다. 예린이 엄마는 서서히 힘을 내 살기 시작했고, 그 집 아이들도 모두 참하게 컸다. 예린이 바로 밑의 여동생이 여상을 졸업한 후 곧장 은행에 취업하자 예린이 엄마는 더 이상 쌀을 받지 않겠다고 정중히 거절하였다. 엄마의 쌀도우미 역할은 근 15년 만에 끝난 셈이다.

지금은 그들 모두가 대전에 살고 있다. 예린이가 서울 시립 합창단원으로 있을 때 다니던 교회 목사님의 소개로 믿음 좋은 멋진 청년과 결혼했다. 예린이 남편이 사업을 하면서 승승장구했다. 그 덕에 집안 식구들이 모두 대전으로 가게 되었다. 나는 사실 이 일들을 내가 결혼할 때까지 잘 몰랐다. 알았다면 엄마에게 "우리 코가 석자인데 누굴 돕냐."라면서 대들었을 것이다. 나의 결혼식 날 예린이는 자기 엄마와 참석했었다. 꽤 많은 축의금과 엄마에게 그동안의 고마움을 전하는 짧은 편지가 축의금 봉투 안에 들어 있어서 알게 되었다.

2

60대 이야기 (1999-2008)

품어 주고 나누어 주는 사랑

엄마는 50대 후반에 회사를 퇴직했지만, 몸과 마음을 좀 쉴 수 있는 시간의 여유를 갖지 못했다. 퇴직 다음 해 손주 3명이 몇 달 간격으로 한꺼번에 태어났기 때문이다. 나도 올케도 엄마 집에서 산후조리를 하다 보니 신생아 돌보기와 산모를 위한 음식을 만들어 주느라 밤낮이 따로 없었다. 특히 우리 딸 소원이는 칠삭둥이로 태어나서 엄마가 세밀하게 다루고 돌보느라 힘들었다.

소원이는 한밤중에 자주 깼고, 스스로 잠들지를 못했다. 엄마는 길고 넓적한 천으로 아기 띠를 만들어 목에 걸쳐서 비스듬히 소원이를 안고 깜깜한 거실을 돌거나 소파에 앉아서 몸을 흔들어 소원이를 재웠다. 낮에는 아버지가 똑같은 방법으로 소원이를 돌보았다. 나는 노산인데다가 제왕절개로 출산을 해서 배가 아파 앉아 있기도 힘들었다. 따라서 소원이는 백일이 될 때까지 할머니 할아버지 손 안에서 보살핌을 받고 자랐다.

소원이가 약 6개월 쯤 되었을 때 나는 소원이를 데리고 다운동 우리 집으로 왔다. 그 후에 같은 시기에 태어난 3명의 손주들이 첫돌이 지나 걷고 말을 하기 시작하자 엄마 아버지는 인생에서 더할 나위 없는 기쁨의 웃음을 짓곤 했다. 엄마의 60대 초반은 이렇게 몇 년이 지나갔다. 그리고 2002년 아버지가 간암으로 돌아가셨다. 그 이듬해 나와 남동생 식구 모두가 엄마 집으로 이사 왔다. 그때 소원이와 조카 수민이가 6살 되던 해였다.

1층 가게 한 칸은 내가 영어 교습소 하느라 썼고, 2층 두 세대는 나와 동생네가 각각 살림집으로 썼다. 결혼하지 않은 남동생은 3층 뒷방을 혼자서 썼다. 결국 부산에 사는 여동생만 빼고, 엄마의 자녀와 손주들이 한 건물에 모여 살게 되었다. 이때부터 엄마는 다시 자식들에게 매이는 인생이 되었다. 나는 영어교습소 운영과 위탁 수업을 하느라 바빴고, 올케는 직장 다니느라 바빴다. 그러니 엄마는 친손자 외손녀 하루 세끼 챙겨 먹이고, 손주들의 모든 요구와 투정들을 다 받아주느라 쉴 틈이 없었다. 나 또한 엄마가 해 주는 밥을 먹으면서 안정감을 갖고 영어 수업을 할 수 있었다. 따라서 아버지의 죽음을 슬퍼할 여유도 없이 시간이 흘러갔다. 한

마디로 엄마는 자녀들과 손주들의 희로애락을 함께했다. 그리고 우리 모두를 신앙으로 바로 이끌려고 노력했다. 그 시기에는 주일날 손주들뿐 아니라 올케도 우리 남편도 교회를 열심히 다녔다. 남편이 서리 집사 직분을 받은 것도 그때였다.

손주들이 성장할 때마다 엄마는 철따라 필요한 옷을 사 입히고, 겨울에는 털모자 털 스웨터를 직접 뜨개질하여 따뜻하게 입혔다. 한 번씩 부산에서 여동생 식구까지 오면 집안이 북적거려 사람 사는 맛이 났다. 모든 뒤치다꺼리는 엄마 몫이었지만, 당신의 핏줄이 모두 눈앞에 있는 것만으로도 행복해했다. 엄마는 우리 모두를 하나님의 사랑으로 가슴에 품고, 먹이고, 보살피며, 데리고 살았다. 우리 모두는 생활의 전반을 꽤 오랫동안 엄마에게 의존했다. 엄마는 또한 우리 모두의 든든한 울타리였다.

소원이 수민이가 초등학교를 졸업하자 엄마는 집을 팔기로 결정했다. 엄마가 70살이 넘자 3층까지 계단을 오르내리는 것과 큰 집을 혼자서 관리하기가 점점 힘들어졌다. 그리하여 아이들이 중학교 1학년이 되었을 때 집을 팔고 모두 이사를 했다. 엄마, 나, 동생이 각기 다른 아파트를 구했지만, 교회를 중심으로 서로 가까운 아파트로 이사를 했다. 엄마는 그때 이사한 아파트에서 돌아가실 때까지 살았다.

우리 아버지를 잠깐 소개합니다

아버지는 1935년 음력 11월 19일 강원도 영월 덕포리에서 4남 2녀 중 셋째 아들로 태어났다. 공부보다는 놀기를 좋아해서 혈기 왕성한 청년으로 성장한 후 20대 중반 엄마와 결혼했다. 그 후 경제적 독립을 위해 본인의 능력에 맞는 직장을 구하러 전국의 몇 도시를 옮겨 다녔다. 한마디로 직장을 따라 나그네 같은 인생을 살았다. 그러다가 39살이라는 좀 늦은 나이에 울산에 내려와 정착을 하게 되었다. 아버지는 현대 중공업 제1 세대 현장직 노동자였다. 참 힘들고 고되게 일을 많이 한 세대였다.

초창기 현대 중공업 안에서 사고로 목숨을 잃은 분들도 많았다. 특히 배 안에서 일하셨던 분들 중에서는 진폐나 간경화로 인해 퇴직 후 폐암이나 간암으로 돌아가신 분들이 많다. 우리 아버지도 그런 분들 중 한 사람이라 말할 수 있다. 지금은 일하는 환경이 옛날과 달리 엄청 좋아졌다고 들었다. 현장직 제1 세대들의 피와 땀으로 축적된 기술이 작업 현장을 체계적이고 안전하게 돌아가게 만든 것이다.

아버지도 아주 작은 부분이지만 회사 발전에 기여했다는 일화가 하나 있다. 내가 중학교 2학년이었을 때쯤 우리 집에 아버지 직장 동료분들이 안방을 가득 채울 만큼 오셨다. 아마도 토요일 저녁이었던 것 같다. 나는 부엌을 들락거리며 밥이랑 국을 날랐던 기억이 있다. 아저씨들이 아버지께 술을 권하며 축하한다는 인사를 돌아가며 하는 것을 보았다. 그날 아버지는 회사로부터 큰 상금을 받아왔다. 왜냐하면 선박건조 과정 중 도크에서 강철블럭을 용접한 후 메인 선체에서 물이 새는 것을 아버지가 해결하여 회사에 덕을 끼친 공로를 인정받았기 때문이다. 그때 당시 아버지로부터 설명을 한 번 들었지만 내가 기억하는 것은 이것이 전부다.

아버지의 울산 생활이 자리가 잡히자 큰외삼촌, 작은외삼촌 그리고 아버지의 여동생 고모네 식구도 울산으로 내려왔다. 아버지는 모두 현대 중공업에 취업시켜 주었다. 그때 당시에는 소개를 통해서 취업을 쉽게 하던 시절이었다. 이뿐만 아니라 아버지 친구 자제분들도 퇴직하시기 전에 몇 사람 취업을 시켜 주었다. 아버지는 곤란한 부탁조차 거절하지 못하고 끝까지 책임지고 해결해 주었다. 일에 대한 스트레스, 삶에 대한 중압감, 가장으로서의 책임감 등을 술과 담배로 풀었던 것 같다. 알코올 중독은 아니었지만 술을 자주 많이 마셨다. 아버지가 직장 생활 하던 때를 돌이켜 보면 늘 같은 모습이 떠오른다. 기름때 묻은 회색 작업복에 피곤함이 서려 있는 붉은 갈색의 아버지 얼굴이 보인다. 만약에 SF 영화처럼 타임머신을 타고 그 시절로 돌아갈 수 있다면 그런 모습의 아버지를 두 팔로 안고, "아버지, 정말 고맙습니다. 아버지, 사랑해요."라고 말하고 싶다. 아버지 살아생전 내가 해 보지 못한 말이라서 더욱 가슴이 녹아내린다.

아버지가 정년퇴직을 한 후, 회사의 배려로 한마음 회관 수영장과 헬스장을 관리하는 직원으로 채용되었다. 2년째 되던 초여름에 술 취한 젊은 남자 두 명이 헬스장에 왔다. 규칙상 술 취한 사람은 입장불가였으므로 아버지는 당연히 그들을 못 들어가게 권고했다. 하지만 그들 두 명은 막무가내로 입장을 하면서 직업의식이 투철한 아버지와 몸싸움이 벌어졌다. 술 취한 젊은 두 남자의 힘이 아버지보다 약하지 않았다. 주변에서 뜯어말려 상황이 종료되자, 술 취한 두 남자는 경찰서로 이송되었고, 아버지는 일단 병원으로 옮겨졌다. 다행히도 아버지는 크게 다치지 않았다. 맞붙어 싸워서인지 가슴과 등이 아파서 X-ray를 찍었다. 아버지는 병원에서 하루를 지내고, 의사의 지시로 다시 흉부 전체를 CT 촬영을 하였다. 그 결과 아버지가 간암이라는 사실을 알게 되었다. 살이 조금 빠진 것 외에는 별 증상이 없어서 아버지 본인도 모르고 살아왔다. 아버지는 의사의 권유대로 간을 1/3 잘라내고 항암치료는 받지 않았다.

수술 후 아버지는 빨리 회복되었고 술과 담배는 끊게 되었다. 이때 아버지 나이가 62세였다. 그다음 해 3명의 손주들이 생기면서 아버지는 첫 외손자 시현이를 포함해 총 4명의 손주들을 보는 재미로 시간을 보냈다. 아주 건강해졌다. 3년 정도를 푹 쉬고 65

세에 집 근처 아파트 경비로 취업해 약 3년간 일했다. 아버지와 엄마는 매사에 열심히 일하는 것 빼고는 닮은 점이 하나도 없었다. 너무나 다른 성격 다른 취향의 두 사람이었다.

아버지는 눈에 보이는 물질세계가 전부라 단정 짓고, 이생에서 처자식들과 잘 먹고 잘사는 것 그리고 인생을 즐기는 것이 삶의 목표였다. 반면에 엄마는 보이는 세계의 삶도 중요시했지만 보이지 않는 하나님 나라에 더 큰 소망을 두고 살았다. 지극히 영적인 엄마와 지극히 육적인 아버지가 한 공간에 어울리지 않게 살아왔다. 엄마는 하나님의 사랑으로 아버지의 허물 등을 덮어 가며 묵은 정으로 무덤덤하게 살았다. 아버지 입장에서 엄마는 마음이 올곧고 신뢰할 만한 부인이기는 했지만 천하에 재미없는 여편네로 여기며 살았다. 엄마는 아버지와 신앙 얘기를 거의 나누지 않았지만 아버지의 영혼구원을 위해 날마다 기도하셨다.

아버지가 어느 날부터인가 자꾸 피곤하고 밥을 세끼 잘 먹어도 살이 빠져서 병원에 갔다. 검사 결과 간암 말기로 나왔다. 임파선까지 전이되어서 수술도 할 수 없었다. 아버지는 항암치료나 병원 입원을 원하지 않았다. 집에서 가족들과 편하게 지내다가 자연사를 하겠다고 강하게 피력하였다. 병원에서는 먹는 진통제 알약과 암 환자용 패치(붙이는 약)를 처방해 주었다. 아버지는 진통제뿐 아니라 어떠한 약도 먹지 않았다. 패치만 간혹 사용했다. 말기암 진단을 받고 돌아가실 때까지의 6개월 동안 엄마는 힘들고 고통스러운 마음으로 아버지를 간호했다. 나는 아버지를 방문할 때마다 점점 수척해지고 병색이 짙어져 가는 것을 보았다. 그럼에도 아버지의 정신상태는 너무나 말짱했다.

아버지는 돌아가시기 7일 전, 흰옷 입은 사람이 7일 뒤 정오에 시험 치러 오라 했다는 내용을 엄마에게 말했다. 그것을 아버지가 꿈으로 보았는지 눈뜨고 환상으로 보았는지 우리는 모른다. 몇 번을 물어봐도 그냥 보았다고만 했다. 아버지는 죽음을 두려워하지 않고 가장 자연스럽게 예정된 시간에 돌아가셨다. 정말 말한 대로 7일 뒤, 정오에, 편한 모습으로 천국에 가셨다. 그때 아버지 나이 68세였다.

나는 한동안 아버지가 보고 들은 것을 죽어 가는 과정에서 일어나는 하나의 섬망증상이라 생각했었다. 하지만 지금은 그 의미를 분명히 안다. 예지몽과 같았던 그 환상은 성령님의 역사하심으로 눈으로 보고 들은 것이 확실하다. 흰옷 입는 사람이 예수님이었는지 천사였는지 우리는 모르지만, 사후세계가 있다는 것을 알려 주는 메시지였다. 또한 7일 뒤 시험 치러 오라 한 것은 회개와 영적 구원, 하늘 시민권에 대한 최소한의 준비시간을 준 하나님의 전적인 은혜였다.

나는 앞서 제1장 [아버지와 강도에게 임한 구원의 길]에서 아버지의 죽음과 구원에 이른 과정을 기록했다.

놀라운 기도의 능력

- 하나

원생들을 데리고 겨울방학 때 필리핀 세부로 영어 캠프를 갔을 때 일이다. 화창한 토요일, 호핑투어하기에 딱 좋은 날 우리 일행은 해변가에서 좀 떨어진 바다 가운데로 갔다. 학생 25명, 필리핀 선생님 3명, 호핑투어 가이드 3명, 주임 인솔자 그리고 나 총 33명을 태운 배 한 척만 바다 한가운데 떠 있었다. 사방으로 뻥 뚫린 공간, 맑은 하늘, 푸른 바다, 멀리 보이는 육지까지 우리가 모두를 소유한 기분을 느끼며 호핑투어 준비를 했다.

모두 수영복으로 갈아입은 후 스노클링 장비를 착용하고 호핑투어 가이드 안내에 따라 조별로 배에서 내려가 바닷속을 구경했다. 나와 필리핀 선생님들은 바다에 떠있는 아이들, 배에서 순서를 기다리는 아이들을 살펴보고 챙겨 주었다. 물 위에서 바닷속을 보고 배에 올라온 아이들은 흥분에 들뜬 목소리로 신나게 서로 본 것을 이야기하며 즐거워했다. 순서를 기다리던 아이들은 빨리 내려가게 해 달라고 아우성을 치며 조르기까지 했다. 하지만 안전을 위해서 조별로 15분씩 로테이션 하는 것을 엄격히 지켰다. 학생들이 3번씩 호핑투어를 하고 기분이 최고조에 달했을 때 어깨에 매고 있던 나의 가방에서 휴대폰 소리가 계속 울렸다. 공항에서 대여해 온 국제로밍 전화기였다. 스마트폰이 활성화되기 전이라 외국 나갈 때마다 사용했던 전화기였다.

엄마: 현숙아, 지금 애들 데리고 바닷가에 있나.

나: 응, 어떻게 알았어?

엄마: 빨리 학생들 데리고 호텔로 가라. 바닷가 끝에서 회색구름이 몰려오고 있어. 기도 중에 보았다.

나: 엄마, 뭔 소리야. 지금 여기 구름 한 점 없이 화창해. 작년에도 왔던 곳인데 내가 더 잘 알지. 지금 필리핀은 가장 날씨가 좋은 건기야. 비가 거의 오지 않아요.

엄마: 급하다. 어서 챙겨서 가라. 끊는다.

나는 황당했지만, 엄마 말을 무시하기도 힘들었다. 나는 배 안과 배 아래에 있는 아이들을 훑어보았다. 모두가 좋아 죽겠다는 표정을 하고 있는데 어떻게 말을 해야 할지 잠깐 고민했다. 정직이 최선책이라 하지만 이 황당한 전화 내용을 말한들 누가 믿겠는가. 나는 주임 인솔자에게 당장 철수하자고 말했다. 학생들에게도 가급적 빨리 옷을 갈아입고 샤워는 호텔 가서 하라고 말했다. 모두가 왜 이렇게 빨리 가냐고 물었지만 나는 호텔 가서 해야 할 일이 있다고만 말하고 얼른 떠날 준비를 했다. 호핑투어 가이드들이 가장 어리둥절해했다. 그들에게 배정된 시간을 절반도 못 채웠기 때문이었다. 어쨌든 우리 일행은 급히 해변가로 나와서 타고 왔던 관광버스에 다시 올라탔다.

해변을 벗어나 시내로 들어오자 학생들 입이 한 주먹은 튀어나온 채 아쉬운 표정으로 가득 차 있었다. 창밖에는 햇빛이 쨍쨍하고 너무도 좋은 날씨인데 호텔로 돌아가는 내 심정도 좋지는 않다. 시내를 30분쯤 달렸을 때 갑자기 하늘이 흐려졌다. 약 10분을 더 달려 호텔에 도착하자 비가 후두둑 떨어졌다. 학생들이 각 방에 들어가 샤워를 하는 동안 뚝뚝 떨어지던 비가 굵은 장대비가 되어 계속 내렸다. 늦은 저녁 시간에는 천둥 번개까지 치면서 다음 날 새벽 2시까지 비가 내렸다. 만약 우리가 바다에서 일찍 나오지 않았다면 갑자기 쏟아지는 비에 모두가 당황하며 불안감에 떨었을 것이다. 파도까지 발생했다면 더 위험한 상황이 되었을 것이라 생각하니까 빨리 나온 것이 천만다행이었다.

우리가 호핑투어를 할 때 좋은 포인트 지역을 찾아 지나가던 2-3척의 배를 보았다. 성인들만 타고 있던 배였다. 나는 그들도 무사히 빨리 빠져나왔으리라 믿으며 마음을 진정시켰다. 엄마의 말이 또 맞았다. 물론 호텔에 도착한 후 곧장 엄마에게 전화를 했다. 엄마가 안도의 한숨을 쉬는 것이 전화기로 느껴졌다.

- 둘

조카 수민이가 초등학교 4학년이었을 때의 일이다.

어느 날 갑자기 수민이 눈동자가 돌아가기 시작했다. 자신의 의지와는 상관없이 저절로 눈알이 돌아갔다. 엄마가 수민이를 데리고 병원에 가서 진료를 받았는데 '틱 장애'라고 했다. 원인도 알 수 없고 특별히 치료약도 없었다. 가만히 있어도 불편함이 느껴지는 눈 때문에 일상생활을 하는 데 어려움이 많았다. 교과서뿐 아니라 보이는 모든 것에 집중할 수 없다 보니, 어린 조카는 먹는 의욕조차 상실했다. 그러다가 어린애가 한숨을 내쉬며 우울한 모습으로 앉아 있기도 했다. 엄마는 그런 손자의 모습에 가슴이 덜컹 내려앉아 할 말이 없었다. 엄마는 수민이 눈 위에 양손을 얹어 하루에 한두 번씩 기도를 해 주었다. 며칠이 지난 뒤 기도 중에 검은 물체들이 수민이 눈동자를 돌리는 것을 보았다. 엄마는 좀 더 강하게 대적기도를 하면서 더러운 영들을 예수님 이름으로 몰아내었다. 그리고 수민이 눈동자는 더 이상 돌아가지 않았다. 지금은 20대 중반의 성인이 된 조카가 맑고 건강한 눈으로 자신의 일을 잘하고 있다.

- 셋

필리핀 수빅이라는 곳으로 영어캠프를 갔을 때의 일이다. 수빅에는 한진 중공업 조선소가 있다. 그 회사 가까운 곳에 '한진 빌리지'라는 아파트 단지에 한국인 주재원들의 가족이 살고 있다. 우리가 갔던 수빅 어학원은 한국 주재원 아이들뿐만 아니라 타 국가에서 온 아이들도 많이 와 있었다. 그야말로 글로벌 어학원이었다. 그동안 다녔던 곳 중에서 가장 큰 규모였고 자연과 더불어 깨끗한 곳이었다. 해마다 그러했듯이 그때도 겨울방학 4주 코스였다. 캠프가 3주 지나고 4주차 둘째 날 화요일이었다. 점심식사를 하기 위해서 어학원 식당에 들어서자 캠프 담당 직원이 나를 데리고 사무실로 갔다. 거기에는 한국 연수생을 담당하는 박 이사와 한국인 엄마와 아들로 보이는 남자아이가 있었다.

박 이사: 이분은 한진 중공업에 주재원으로 일하시는 분의 가족입니다.

나: 아, 예. 그런데 제가 무슨 일로 여기에 왔나요?

학생 어머니: 어제, 선생님이 데려온 학생들 중 한 명이 우리 애를 때려서 귀 고막이 찢어졌어요. 어학원에서 돌아온 뒤 밤새 아이가 열이 나고 통증이 심해서 지금 병원 갔다 온 길입니다.

박 이사: 여기 사진이랑 의사 소견서가 있어요. 심하게 파열되었어요. 자연치유가 될지 청각에 이상이 생길지는 2주 이상을 지켜봐야 한다고 합니다.

학생 어머니: 4일 후면 선생님이 가신다고 들었는데, 학생들만 보내고 선생님은 여기서 우리 아이 상태를 보시고 예후에 따라 보상을 하셔야 합니다. 오늘 병원비도 주시고, 이틀 뒤

에 병원 같이 가서 직접 상태를 듣고 차후에 어떻게 하실지 결정하세요.

박 이사: 청각에 이상 없이 빨리 회복되는 것이 먼저이기는 합니다. 주재원 아이들 사이에서 일어난 일이라면 저희가 100% 책임지겠지만, 이 경우는 선생님 학생이라 병원비를 선생님이 내셔야 합니다.

나: 비용은 제가 다 내겠습니다. 한국 가서 보험처리하면 돼요. 때린 학생은 누구인가요?

박 이사: 같은 반에서 공부하던 중학교 2학년 조○○입니다. 어제 저녁 어머니 전화 받고 아침에 확인했습니다. 왼쪽 뺨을 세게 맞고 고막이 파열되었어요.

나: 왜 때렸는지 말하던가요?

박 이사: 나이도 자기보다 어린데, 자기를 기분 나쁘게 쳐다보면서 영어도 못한다고 놀리는 것 같아서 때렸다고 하네요.

학생 어머니: 우리 애는 5학년이고, 그 학생은 중학교 2학년 형인데 어떻게 놀리겠어요. 인성에 문제가 있는 학생 같네요.

나: 아무튼 정말 죄송합니다. 제가 할 수 있는 한 최선을 다해보겠습니다. 저는 신앙인이라 일단 하나님께 고막이 빨리 재생되도록 열심히 기도하고, 이틀 뒤에 병원에 따라가겠습니다.

나는 점심 대신 콜라 한 병을 다 마시고 숙소로 돌아와 엄마한테 전화했다. 학생의 고막이 4일 안에 재생되지 않으면, 일단 학생들을 울산에 내려놓고 다시 수빅에 오든지 아니면 학생들만 비행기 태워 보내든지 해야 한다고 말했다. 엄마는 내 말을 다 듣고 이렇게 말했다.

    엄마: 큰일이 나기는 했네. 해결이 잘되도록 하나님께 맡기고
        기도하자. 이틀 뒤에 병원 간다고 했지?
    나: 응.

그날 오후 수업을 다 마치고 숙소로 돌아오는 아이들을 지켜보다가 학생을 때린 조ㅇㅇ를 불러 세웠다. 그리고 한적한 벤치로 데리고 가서 앉았다.

    나: ㅇㅇ야, 왜 그 학생을 때렸어. 솔직하게 얘기해 봐.

ㅇㅇ는 처음에는 망설이고 변명하려고 했다. 나는 그런 그에게 맞은 학생의 고막이 심하게 파열되어서, 어쩌면 너하고 나하고 수빅에 남아야 할지도 모른다고 말했다. 그랬더니 ㅇㅇ가 놀라면서 정직하게 말하기 시작했다. 결론은 심한 열등감의 표출이었다.

엄마는 울산에서 나는 수빅 숙소 방구석에서 쉼 없이 기도했다. 치료하시는 하나님의 손으로 찢어진 고막을 출국 전에 재생시켜

달라고 간구하고, 때린 아이 맞은 아이 마음까지 치유해 달라고 또 간구했다. 이틀 동안 어둠의 터널을 걷는 기분이었다.

드디어 병원 가는 아침이 되었다. 학생 어머니, 학생, 박 이사, 나 이렇게 넷이 같은 차를 타고 병원에 갔다. 의사는 학생 귀를 덮고 있던 테이프와 가아제를 걷어내고 검사를 다시 했다. 그리고는 놀라운 표정과 함께 믿기지 않는다는 말투로 고막이 깨끗하게 나았다고 선언해 주었다. 나는 학생에게 귀가 아픈지 안 아픈지 또 소리가 어떻게 들리는지에 대해서 물었다. 그 학생은 아프지도 않고 모든 소리가 정상으로 들린다고 했다. 제일 기뻐한 사람은 당연히 학생 어머니였다. 박 이사는 몇 번을 의사에게 확인을 한 후, 신기한 듯 나를 쳐다보았다. 잘 해결되어서 나는 무사히 학생들과 제 날짜에 울산에 돌아왔다.

- 넷

또 세부 영어 캠프에서 있었던 일이다. 4학년인 우석이가 숙소 호텔 수영장에서 놀다가 미끄러져서 팔꿈치 부분에 뼈가 세 갈래로 금이 가는 일이 발생했다. 빨리 병원으로 가서 팔 전체에 깁스를 했다. 의사는 한국 가서 철심을 박아야 할 것이라고 말했다. 정말 가슴이 덜컹 내려앉는 사건이었다. 울산에 있는 부모에게 알렸지만 의사가 말한 모든 것을 알리지는 못했다. 그렇게 10일을 보내고 울산에 와서 깁스를 풀고 X-레이를 찍었는데 말끔하게 뼈가 모두 붙어 있었다. 팔을 움직여도 아프지 않다고 했다. 이때도 엄마의 중보기도 덕분에 해피엔딩으로 마무리되었다고 나는 생각한다. 몇 년 뒤 뉴질랜드 영어 캠프에서도 승마 체험 도중 조카가 떨어져 엉치뼈를 다치는 사고가 있었지만 약이나 치료 없이 빠르고 놀랍게 회복되었다.

엄마의 60대와 나의 40대는 불가분의 관계였다. 만사형통을 위해 기도해 주는 엄마 덕분에 해마다 겁 없이 해외캠프를 다녔다. 몇 년마다 예상치 못한 사고는 있었지만 기도를 통하여 하나님 방법으로 해결되었다. 나는 캠프를 한 번씩 갔다 올 때마다 하나님을 믿는 믿음이 조금씩 자라고 있었다. 한국에서는 시간 내어 하지 못했던 기도를 캠프 한 달 동안 원활한 일정과 아이들의 안전을 위해 낮이고 밤이고 기도했다. 그로 인해 기도시간이 늘어나도 힘들지 않았고, 응답되어 가는 크고 작은 체험들이 쌓이면서 기도의 맛을 알게 되었다. 아이들과 즐겁게 캠프를 다닌 것도 내 인생에서 보람된 일이었지만 더욱 소중한 것을 깨닫게 된 시기였다. 엄마의 중보기도를 통하여 시간, 장소, 지리적 공간에 구애받지 않고 역사하시는 하나님을 알게 된 것이다. 창조주 하나님, 구세주 예수님, 보혜사 성령님 즉 삼위일체 하나님과 사람 사이의 믿음과 사랑의 기폭제는 기도임을 나는 확실히 알게 되었다. 그때부터 나의 기도는 하나님과 대화하듯 기도가 바뀌어 가고 있었다.

성경말씀 붙잡고 모든 것을 맡기는 기도로 바뀌었다. 대화는 일
방적인 것이 아니고 주거니 받거니 하는 것이니 이런 기도는 항상
즐겁게 할 수 있다. 삶 속에서 누릴 수 있는 믿는 자의 살아 있는
특권이다. 엄마는 나를 주의 백성으로 끝까지 살아가도록 기도의
길로 인도하여 주었다. 엄마는 진실로 내 믿음의 스승이며 영, 육
의 어머니이다.

3

70대 이야기 (2009-2018)

고요한 시기, 행복한 삶

방어동 집을 팔고 아파트로 이사한 엄마는 자식들과 연결된 삶에서 좀 자유로워졌다. 집안일에 파묻혀 살던 60대에 비하면 편한 마음으로 원하는 활동을 원하는 시간에 할 수 있었다. 하루의 대부분은 성경 읽고, 묵상하고, 기도하는 것이 엄마의 일상이 되었지만, 때때로 혼자 또는 자녀들과 나들이도 하면서 무료함 없이 시간을 보냈다. 70대의 평범한 할머니치고는 노년의 삶이 평탄하고 여유 있게 흘러갔다. 현명하고 수리에 밝았던 엄마가 노후대책을 잘했기 때문이라고 생각한다. 엄마는 우리 형제들에게도 노후대책은 현실적인 문제이고 그것의 발판은 돈의 소중함을 아는 것부터라고 누누이 말했다. 엄마는 신앙과 현실의 삶을 분리하지 않았다. 이 세상에 사는 동안은 신앙과 먹고사는 일이 실과 바늘의 관계라고까지 말했었다. 우리 형제들은 아직도 엄마가 바라던 만큼의 신앙인은 되지 못했다. 그렇지만 서로에게 손 벌리지 않고 살아갈 만큼 경제적 독립은 이루었다. 엄마는 자녀들이 열심히 살고 손주들이 올바르게 성장한 것에 대해서 감사하다고 말하곤 했다. 그리고 자식들의 얼굴에 세월의 흔적이 생기는 것을 보고는 안타까워했다. 엄마 자신의 나이 듦을 한탄하거나 죽음을 두려워하지는 않았다. 엄마는 그동안 지나간 세월을 관조하며 70대를 고요하고 온유한 모습으로 보냈다. 그리고 대부분의 시간을 마음을 다해 하나님께 집중했다.

누가복음 24장 45절에 [이에 그들의 마음을 열어 성경을 깨닫게 하시고]라는 말씀처럼 성령님의 도우심으로 하나님의 말씀을 더욱 넓게 깨닫게 되었다. 엄마는 그 깨달음을 나에게 얘기해 주셨고, 우리는 함께 하나님의 은혜를 공유했다. 나는 이 시기에 엄마를 통해서 분명히 알게 된 사실이 있다. '지식이 있다고 성경을 깨닫는 것이 아니다'와 '영성은 사람의 계명으로 가르침을 받아 쌓이는 것이 아니다'라는 것이다. 성경 속에 나오는 바리새인들은 율법에 능통했고 그 당시에 일반인이 따라갈 수 없는 아주 뛰어난 지식인들이었다. 하지만 구약에 계시된 메시아가 예수님인 것을 알지 못했다. 엄마는 배운 것은 없었지만, 말씀과 기도로 쌓은 영성을 바탕으로 실제 삶에서 체험되어지는 살아 있는 믿음을 소유했다. 그러한 믿음 속에서 기도의 능력이 나옴을 나는 확실히 보았다.

엄마의 70대와 나의 50대는 믿음의 동역자 관계였다. 왜냐하면 엄마는 내게 믿음을 전수했고, 나는 엄마 인생의 끝자락을 함께한 동반자였기 때문이다. 엄마는 자신의 신앙과 관련된 모든 것을 들어주고 이해하는 자식이 있어 행복하다고 말했다. 게다가 자식들과 손주들이 서로 가까이 살아 그 또한 노년의 삶이 외롭지 않고 행복하다고 말했다.

온유와 절제가 몸에 밴 엄마, 성경말씀으로 지혜를 터득한 엄마, 하나님 사랑을 가슴에 품고 용서가 뭔지를 가르쳐 준 엄마, 나는 50대 중반이 되어서야 우리 엄마가 세상 속에 묻힌 정말 멋진 엄마라고 인식하게 되었다.

엄마의 찐 친구 차 권사

엄마가 울산으로 내려와 처음 다녔던 교회에서 동선이 엄마를 만났다. 나와 동선이는 초, 중학교 동기였기 때문에 나 또한 동선이 엄마를 잘 알고 지내왔다. 동선이 엄마는 전하동에서 계속 살면서 권사님이 되어 한 교회를 평생 섬기며 살아오셨다. 반면에 엄마는 이사와 함께 교회를 3번이나 옮기며 평생 집사로 살아오섰다. 그럼에도 불구하고 두 분이 40년 이상을 다툼이나 분쟁 하나 없이 친자매 이상의 관계를 유지했다. 바쁜 세월이 지나가고 두 분 다 시간적 여유가 생긴 60대 후반부터는 서로 집을 오가며 교제를 나누었다. 두 분 만남 속에 나도 본의 아니게 자주 끼어 수다를 떨곤 했다. 옛말에 [여자 셋이 모이면 접시가 깨진다]라는 부정적인 어구가 있지만, 엄마, 나, 차 권사의 만남에는 하나님의 은혜와 기쁨이 항상 있었다. 차 권사님의 컬컬하고 약간 더듬거리는 소리와 엄마의 차분하고 맑은 소리가 참 대조적이었지만 듣기가 좋았다. 두 분은 서로에게 잘난 척도, 아는 척도 하지 않았고 자랑할 것도 숨길 것도 없는 있는 그대로의 모습으로 서로를 위로하고 감사했다.

두 분의 만남은 담소로 끝나는 것이 아니고 꼭 예배를 드렸다. 형식을 갖춘 세련된 예배는 아니었지만, 간절하고 진지한 예배였다. 같이 성경 읽고, 찬송하고, 기도했다. 나는 두 분의 기도 속에서 70대 믿음 좋은 성도의 기도가 어떠해야 하는지를 알게 되었다. 두 분은 이생의 문제들을 놓고 별로 기도하지 않았다. 천국에 대한 소망, 이 땅에서 하나님 뜻대로 살지 못한 것에 대한 회개와 용서함, 구원받지 못한 영혼들에 대한 안타까움, 다음 세대에 믿음이 전수되어 하늘나라가 확장되기를 바라는 소망 등을 기도했다. 자신의 자식들만 잘되기를 바라는 이기적인 기도와는 달랐다. 나는 그러한 기도가 천국 가기 전 영적 노후대책 기도라고 생각한다. 엄마와 차 권사님은 이 땅에서 현실적인 노후대책도 잘하셨지만, 영적 노후대책도 잘하신 참 믿음의 진짜 성도였다.

엄마가 70대 초반에 차 권사님 다니는 교회에 말씀집회가 있어서 어느 날 참석했다. 두 분은 중간쯤 가운데 통로 쪽에 앉아서 말씀을 들었다. 은혜를 잔뜩 받고서 두 분이 앉아 있는데, 집회가 끝나자마자 강단에 있던 강사님이 내려오셔서 두 분에게 오더니 이렇게 말했다.

강사님: 두 분이 하얀 세마포를 입고 앉아 계시는 것이 보였어요. 제가 이런 경험이 처음이라 놀랍기만 하네요. 주님의 이름으로 축복합니다. 안녕히 돌아가십시오.
두 분: 예, 감사합니다.

나는 이 얘기를 엄마와 차 권사님으로부터 들었다. 두 분은 돌아가실 때까지 식구들 외에는 아무에게도 말하지 않았다.

마지막 회개

엄마가 돌아가시기 일 년 전에 인생에서 회개하지 않은 것들이 있다면 생각나게 해달라고 주님께 기도하셨다. 그때 엄마에게 두

가지 일이 떠올랐다.

– 하나

같은 아파트 아래층에 살았던 할머니가 있었다. 그분은 엄마보다 서너 살 많았다. 어느 날 그 할머니는 자신이 키우던 백년초 선인장을 엄마에게 줬다. 엄마는 고맙게 받고 얼마간 키웠다. 하지만 그 선인장은 손바닥처럼 넓적한 줄기에 가시가 많아서 베란다 청소할 때마다 불편했다. 엄마는 그 선인장을 신문지에 잘 싸서 버렸다. 시간이 좀 지난 뒤 한 날 엄마와 그 할머니가 아파트 입구에서 마주쳤다. 그때 할머니가 선인장은 잘 크고 있냐고 묻자 엄마는 아무 생각 없이 그냥 "예."라고 대답했다.

– 둘

언제쯤인지는 정확히 모르겠는데 시장가는 길에 길바닥에서 2천 원을 주웠다고 했다. 꽁으로 생긴 돈이라 기분 좋게 엄마는 시장에서 두부를 샀다.

엄마는 이 두 가지를 놓고 회개기도를 했다. 사소한 일이지만 사실과 다르게 대답한 것, 내 것이 아닌 것을 그냥 쓴 것에 대해 주의 보혈로 깨끗이 씻어 달라고 기도했다.

나는 그 이야기를 듣고 죄라 하기에는 너무 미약하고 회개까지

할 일인가 하는 의구심이 생겼다. 그리고 내게 있었던 일 하나가 생각났다.

내가 과학대 교정을 산책하다가 2만 원을 주운 적이 있다. "웬 재수!"라고 중얼거리며 돈을 얼른 주머니에 넣고, 집에 내려와 피자를 시켜 먹었다. 양심에 아무 거리낌 없이 맛있게 먹었다. 나는 이 부분이 회개할 일이라고 꿈에도 생각해 본 적이 없었다. 솔직히 길에서 현금 10만 원을 주워도 그냥 쓸 수 있을 것 같다. 돈 잃은 사람의 안타까운 심정은 좀 이해하겠지만 그냥 공짜 수입으로 여기고 쓸 것 같다.

엄마와 나는 같은 행위를 놓고 죄의 강도를 느끼는 바가 정말 다르다는 것을 알게 되었다. 따라서 영적 수준에 따라 죄를 상대적으로 느낀다는 것도 또한 알게 되었다. 새하얀 티셔츠에 잉크 한 방울이 튀어도 선명히 드러나지만, 어두운 옷에 튄 잉크 한 방울은 잘 보이지 않는 것과 같은 것이다. 내 마음을 엄마만큼 닦아 내려면 아직도 멀었다는 생각이 든다. 지금도 그때 엄마가 한 얘기를 떠올리면 마음 한 켠이 숙연해진다.

Part 4

남은 자의 고백

1

꿈으로 응답을 받다

엄마의 임종 시부터 장례식을 치르는 동안 나는 울지 않았다. 하지만 시간이 흘러가면서 엄마가 진짜 이 땅에 없다는 사실이 일상생활 속에서 인지되는 순간들을 만날 때마다 눈물이 쏟아지기 시작했다. 길을 가다가 뒷모습의 걸음걸이와 옷차림새가 생전의 엄마 모습과 비슷한 어른을 보면 눈물샘이 터졌다. 또한 주일날 엄마가 늘 앉아 예배드리던 자리가 비어 있는 것을 볼 때는 주체할 수 없이 눈물이 흐르고 마음이 무너졌다. 특히나 매일 아침 10시쯤에는 엄마가 "김소원." 하면서 딸아이 이름을 부르며 들어오던 모습과 목소리가 그리워 얼굴에 소낙비가 흘러내렸다. 엄마가 아무리 영생을 누리는 곳에 갔다고 해도 이 땅에 사는 나는 보고 싶고 그리워 슬픔으로 마음이 아프기까지 했다. 이런 나의 모습을 보고 알고 지내는 권사님이 한마디 했다.

권사님: 아니, 어머니가 구원받고 천국 갔으면 기뻐해야지 왜 징징거려. 나는 우리 어머니 돌아가셨을 때 영혼이 구원받아 천국 갔다 생각하니까 마음이 기뻐서 슬픔은커녕 생각도 안 나더구만. 죽은 사람 자꾸 그리워하는 것도 성경적이지 않아.

나는 그 권사님이 부모의 죽음을 그렇게 무덤덤하게 얘기하는 것을 듣고는 할 말이 없었다. 신앙이 있든 없든 자식이 부모를 떠나보내면 슬프고 그리워하는 것이 인지상정 아닌가. 내가 '밴댕이 소가지'라서 그런지 그날 이후 나는 그 권사님과 관계가 소원해졌다.

거의 날마다 엄마를 떠올리게 하는 장소, 시간, 물건 등과 마주칠 때면 내 영혼이 자꾸 슬픔으로 빠져 들어가고 있었다. 나는 그러한 감정들을 떨쳐 버리기 위해서 매일 기도하기 시작했다. 천국에 계신 엄마를 한 번만이라도 보게 해 달라고 간구했다. 꿈속이든 환상이든 해같이 밝은 엄마의 모습을 보여 달라고 끊임없이 기도했다. 내가 배워 온 신앙의 지식으로는 이것은 생떼나 마찬가지다. 사람이 죽으면 그 영은 천국 아니면 지옥으로 가서 지상으로 내려오지 않는다고 했다. 만약 꿈속에 죽은 부모가 보이면 그것은 귀신이 부모의 형상을 하고 나타난 것이라 배워 왔다. 그래서 우리는 사탄에게 속는 것이라 했다. 이러한 사실을 알고도 나는 천국에 계신 엄마의 진짜 모습을 보여 달라고 날마다 기도했다. 나의 이런 모습을 우리 딸도 한 번씩 따라했다. 천국에 살고 있는 할머니를 꿈속에서 만나게 해달라고. 말이 안 되는 기도를 7개월째 하던 2020년 3월 어느 날 새벽에 하늘로부터 응답이 왔다.

늘 하던 대로 잠자기 전 꿈속에서라도 영체의 몸을 입은 엄마의 모습을 보여 달라고 하나님께 간절히 기도했다. 그리고 깊이 잠이 들었다.

내가 침대에 누워 있다. 꿈속에서 내가 눈을 떠서 침대 발치에 방문이 열려 있는 공간을 쳐다보았다. 주변에는 아무것도 보이지 않았다. 잠깐 사이에 엄마 아버지 얼굴이 점점 선명해지면서 침대 가까이에 다가오는 것 같았다. 두 분 다 입은 다물고 있었지만 웃고 계셨다. 그리고 주름 하나 없이 깨끗하고 젊은 얼굴이었으며 머리칼은 검은색이고, 얼굴은 밝은 달빛 같았다. 나는 너무도 반갑고 벅찬 마음으로 두 분을 불렀다.

나: 엄마! 아버지!
두 분: (그냥 웃기만 한다)
나: 어떻게 살아 돌아왔어요. 천국에서 언제 만났어요.
두 분: (아무 말 없이 또 웃기만 한다)

내가 일어나 앉아 더 가까이 가서 엄마 아버지 몸을 만지려고 하자 두 분이 웃으면서 그대로 사라졌다.

　나: 엄마!

　엄마의 이름을 부르면서 잠이 깼다. 꿈이었다. 야광 벽시계가 새벽 3시 30분쯤으로 보였다. 나는 방에 불을 켜지 않고 그대로 침대에 앉아 어두운 방을 쭉 둘러보았다. 참 이상한 기분이었다. 꿈 속에서 만난 엄마 아버지를 직접 만난 것처럼 생생한 느낌이 왔고 마음이 그냥 기뻤다. 두 분이 천국에서 만났다는 확신과 두 분의 영체가 하늘나라에서 잘 지내고 있다는 사실이 저절로 믿어졌다. 이것은 나의 이성이 아닌 영적 소통의 하나인 '직관'에 의해서 그냥 알아지는 것이다. 말씀 묵상과 기도 중에 저절로 깨달아지는 경험을 해 보았다. 그것은 세상의 지식과 내 머릿속에 있는 정보를 추론해서 생기는 것이 아니고, 그냥 아는 것이다. 어두운 방 안 공기가 다른 날보다 더 따뜻하게 느껴졌다. 누군가 내 옆에 있는 느낌이었다. 내 마음에 평강이 임했다. 나는 침대에서 내려와 바닥에 깔려 있는 큰 방석에 앉아 감사기도를 하기 시작했다.

　나의 생떼 같은 기도에 응답하신 신실하신 하나님, 간구하지 않았던 육신의 아버지까지 보게 하신 사랑의 하나님, 인간의 영은 하나님의 영을 따라 창조되었음을 알게 하신 전능하신 하나님, 나 같은 죄인에게 은혜를 베푸시는 하나님께 마음과 영혼을 집중해

기도했다. 기도 중 마음에 작은 빛줄기가 들어오는 것을 내 영이 보았다. 더욱 신기한 것은 죽음에 대한 두려움이 마음에서 완전히 사라졌다. 당장 죽어도 괜찮을 것 같은 기분이 들었다. 천국 가면 엄마 아버지를 만날 테니까 병들어 죽든 사고로 죽든 노화로 죽든 내 마음은 죽음에 대해서 자유함을 얻었다. 조용하게 시작된 기도가 눈물 콧물이 흐르면서 훌쩍거리는 기도소리로 변했다. 거실에서 자던 남편과 건넛방에서 자던 딸이 깼다. 무슨 일인가 싶어 내게로 왔다.

남편: 잠 안 자고 뭐하노. 참 별나게 기도하네.
딸: 엄마, 기도 그만하고 자. 아직 새벽이야.

남편과 딸이 한마디씩 하고는 각자 잠자리로 돌아갔다. 꿈속에서 엄마 아버지의 좋은 모습을 생생히 본 벅찬 감격을 그 새벽에 말을 할 수가 없었다. 나는 며칠이 지난 뒤 남편과 딸에게 상세히 이야기해 주었다. 그날 이후 나는 더 이상 엄마의 죽음을 안타까워하며 나를 소진시키는 눈물을 흘리지 않았다. 슬픔의 늪에 빠지지 않았다. 그렇지만 내 마음과 영혼이 정화되어진 그리움과 추억은 여전히 존재한다.

2

정말 똑같은 꽃이 피었네

음력 4월 8일 석가탄신일에 우리 아버지가 돌아가셨다. 이 날은 양력으로 5월이라 날씨도 좋고, 공휴일이라서 나들이하기에 딱 좋다. 우리 형제들은 이날 아버지 기일이라는 명목하에 해마다 경주 산소에서 모임을 가졌다. 흔히 말하는 제사가 목적이 아니고, 5월의 푸르름을 만끽하며 서로 마주앉아 식사하고 삶의 이야기를 나누는 것이 주된 목적이었다. 그리고 죽은 자를 위한 예배가 아니라 산 자를 위한 가족 예배를 드렸다.

사도신경으로 신앙고백을 하며 찬양하고 기도하고 말씀 읽고 나눔을 가진다. 기도 제목을 나누면서 형제들의 각 가정에 시급한 문제가 무엇인지 서로 알게 된다. 우리는 같이 기도한다. 죽은 사람의 영은 이미 하늘로 떠났고, 무덤 속에는 형체 없는 썩은 해골만이 남아 있다는 것을 알기에, 땅을 향한 기도가 아니라 하늘을 향하여 하나님께 예배드린다.

　2020년 5월 아버지 기일을 나는 무척 기다려 왔다. 아버지 묘가 부부묘로 합장되어 새단장을 한 후 맞이하는 기일이고, 엄마가 돌아가신 지 8개월째에 접어든 날이라서 묘의 상태가 무척이나 궁금했다. 그래서 그날은 엄마의 직계 자녀들과 손주들도 빠짐없이 참석했다. 우리 모두는 확인해야할 일이 꼭 하나 있었다. 엄마가 돌아가시기 전 자신의 무덤 이야기를 했었다. 나는 엄마의 예지몽을 확인하려는 목적이 더 컸다. 우리는 해마다 그래 왔듯이, 그날도 오전 11시에 산소에 모였다. 나는 나란히 합장되어 있는 아버지와 엄마의 묘를 살펴보기 시작했다. 내 입에서는 "어머나!" 하는 감탄 밖에 나오지 않았다. 엄마가 말한 대로 똑같은 상황이 연출되어 있었다. 초록의 잔디가 덮인 묘 한가운데는 노란색 작은 꽃잎이 꽃이 두 줄기에 각각 한 송이씩 피어 있었다. 묘 아래 주변에는 보라색과 흰색의 꽃들이 좀 피어 있었다. 봄에 들판에서 흔히 볼 수 있는 별꽃과 비슷한 꽃들이었다. 나는 흥분해서 떠들어대기 시작했다.

나: 엄마가 말한 대로 꽃이 피어 있네. 색깔까지 똑같아. 가운데
　　노란 꽃은 개수까지 같네.
여동생: 바람에 날려 온 씨앗으로 그냥 피었겠지.
나: 바로 옆에 있는 아버지 묘에는 꽃이 하나도 없잖아. 씨앗이
　　바람 타고 왔다면 아버지 묘에도 하나쯤 떨어져 펴야 하는데.

남편: 장모님께서 말씀하신 대로 피어 있는 게 좀 신기하네.

조카 A: 봄에 흔하게 피는 꽃들이에요. 우연의 일치라고나 할까.

나: 그동안 우리 해마다 같은 날 여기 왔는데, 아버지 묘에 이런 꽃이 핀 건 한 번도 본 적 없었잖아.

딸: 엄마, 사진 찍어 놔. 내년에도 똑같은 꽃이 피는지 아니면 이것이 처음이자 마지막인지 비교할 수 있잖아.

조카 B: 봄마다 봄꽃은 피겠지요. 그런데 할머니가 말한 대로 피지는 않겠지요.

우리는 말들을 주거니 받거니 하면서 묘를 자세히 둘러보면서 엄마가 했던 말들을 확인했다.

나는 우리 부모님 옆으로 쭉 서 있는 묘들을 훑어보느라 조금 걸었다. 엄마 묘에 피어 있는 꽃은 고사하고, 아무런 꽃도 피어 있지 않았다. 이름 모를 들꽃 하나 피어 있지 않았다. 어떻게 엄마 묘에만 꽃씨가 날아와 피었을까 참 궁금했다. 다시 몸을 돌려 부모님 묘 쪽으로 걸어가면서 형제들과 조카들을 보았다. 나무 그늘 아래 돗자리를 펴고 앉아 음료를 마시며 환담을 나누는 모습이 보였다. 엄마가 30년 전에 내게 했던 말들이 떠올랐다. 그때는 엄마가 현실과 동떨어진 얘기를 한다고 생각했었다.

엄마: 경주에 산을 깎아 공원묘지를 조성한다고 들었어. 묘지

를 분양한다고 해서 아버지 꺼, 내 꺼 두 개를 미리 샀다.

나: 영월에 선산이 있는데 왜 샀어요. 묫자리를 준비하기엔 너무 이르잖아. 엄마 아버지가 아직 젊은데.

엄마: 너희가 다 울산에 있는데 고향 갈 필요 없다. 아버지랑 내가 묻힌 다음에, 너희들이 산소에 오게 되면 찾기 쉬운 곳을 샀다. 기독교 묘역을 표시하는 십자가가 새겨진 큰 돌 바로 옆이야. 묫자리가 끄트머리에 있어서 큰 돌 옆으로 나무도 있고, 앉을 공간도 넓어서 그곳을 샀어. 돗자리 깔고 앉아서 얘기하며 잠깐 쉬었다 가면 돼.

나: 엄마, 너무 먼 얘기를 하네.

엄마가 그때 말한 대로 나의 형제들과 조카들이 나무그늘에 앉아 있다. 엄마의 선견지명이 참으로 놀랍게 느껴졌다. 나는 그날 그 장소에서 내 눈높이에 맞는 깨달음을 얻었다. 시공간을 초월하여 역사하시는 하나님의 능력이 참믿음을 소유한 평범한 한 성도의 영혼에 지혜로 임한다는 것을 알게 되었다. 또한 계절에 맞게, 장소에 맞게 묘지와 어울리는 꽃을 피게 하신 천지만물을 질서로 운행하시는 하나님을 알게 되었다. 나는 그날 하나님을 더욱 경외하는 삶을 살리라는 다짐을 하고 공원을 내려왔다.

※ 추가설명: 제1장 [꿈속에서 본 자신의 무덤 이야기]를 나중에 확인한 것이다.

3

때를 따라 돕다

내가 영어 교습소를 운영하면서 처음으로 해외 영어 캠프를 간 곳이 필리핀 바기오이다. 그때가 2005년 겨울 방학 때였다. 우리 일행이 무사히 바기오에 도착해서 미리 짜인 일정대로 캠프를 진행하고 있었다. 그렇게 3주가 지난 어느 날 캠프를 연결해 준 한○ ○ 목사 부부가 어떤 고아원을 소개해 주었다. 외국의 고아원 견학도 학생들에게 나쁠 것 없겠다는 생각에 나는 4주차 토요일에 방문하기로 결정했다.

베데스다(Bethesda Children's Home)라고 불리는 고아원이었다. 그 고아원은 높은 지대의 아름다운 숲속에 위치해 있었다. 바기오는 일 년 내내 나무가 푸르름을 유지하고, 꽃은 피고 지고 피고 지고를 반복하는 도시이다. 우리나라로 치자면 딱 초여름 날씨이다. 하지만 저녁에는 제법 쌀쌀하다. 해발 1500m나 되는 고산

지대 특유의 날씨 때문이다. 우리 일행은 고아원에 도착했을 때 숲속의 자연환경이 너무 아름다워서 모두 감탄을 연발했다. 우리 일행이 준비해 온 간식들을 한 목사 부부와 그곳의 스텝 몇 분이 테이블마다 세팅을 끝낸 후 우리를 불렀다. 지붕만 있고 사면이 오픈되어 있는 식당에 우리 아이들과 필리핀 아이들이 섞여 앉아서 간식을 먹으며 얘기를 주고받고 있었다. 조금은 어색하고 서로 낯가림을 하는 아이들도 있었지만, 보기에는 좋았다. 우리 캠프에 동행한 올케와 나는 그곳의 행정 매니저와 함께 고아원 전체를 둘러보았다. 아이들의 생활공간이 있는 3층 건물, 예배드릴 수 있는 교회, 원장님 사택, 스텝들의 숙소와 행정업무가 이루어지는 2층 건물 등 넓은 숲속에 조화롭게 배치되어 있었다.

그 고아원은 오래전 미국 선교사에 의해서 설립되어 미국의 한 교단의 지원을 받아서 운영 되어져 왔다고 했다. 세월이 흘러가면서 자력으로 운영하도록 권유받고 2000년에 자금 지원이 끊겼다. 물론 바기오 정부 지원금이 있기는 하지만 너무나 적어서 아이들의 간단한 식사 외에는 아무것도 할 수 없는 상태라고 했다. 그 고아원의 원장과 스텝들은 본원 출신으로 무료봉사를 했다. 그들의 생활비는 각자의 일을 통하여 벌고 있었다. 우리나라 몇 군데의 교회로부터 후원금을 받고 있었지만 턱없이 부족했다. 고아원은 7세에서 19세까지의 아이들이 약 130명이고, 스텝진들이 약 20명으로 전체가 150명이 조금 넘었다. 하루 식비만 해도 만만치 않았다. 그러니 아름다운 자연환경 빼고는 생활 여건이 참 빈약했다.

나는 3층 건물 내부를 둘러볼 때 아이들의 침대를 보고 깜짝 놀랐다. 철재로 만든 2층 침대인데 한 칸에 대게는 2명씩 자고 15세가 넘는 아이들은 한 칸에 한 명씩 잔다고 했다. 모든 침대의 매트리스가 성한 게 하나도 없었다. 군데군데 찢어져 용수철이 튀어나와 있거나 속의 내용물이 터져 나와 얼룩이 져서 형편없었다. 태풍에 깨어진 창문도 그대로 방치되어 있었다. 우리나라였다면 TV 프로그램에 나올 만한 상황이었다. 나는 다 둘러본 후 원장님과 사적인 이야기를 좀 나누었다. 원장님은 미국에서 의대를 졸업해 의사가 된 후 결혼해서 미국에서 55세까지 살았다. 그리고 자기가 자란 베데스다 고아원에 와서 아이들을 돌보며 여생을 보내고 있었다. 자식들은 미국에 거주하고 부인은 사별했다. 내가 그 원장님을 보았을 때 나이가 72세였다. 그분은 아이들의 매트리스를 바꿔 줄 후원자를 간절히 바라고 있었다. 필리핀 돈으로 얼마가 드는지도 언급했다. 나는 어떠한 말도 하지 않고 듣기만 했다. 맛있는 차 대접과 바기오 전통문양이 찍힌 면티 선물에 감사표시를 하고 떠나왔다.

울산에 와서 나는 엄마한테 이 모든 이야기를 자세히 들려줬다. 그랬더니 엄마가 그 고아원의 침대 매트리스를 새것으로 다 바꿔주라고 돈을 줬다. 누구에게도 말하지 말고 보내주라고 했다. 나는 원장님께 이메일을 보낸 후, 송금해 줄 계좌번호와 정말 고맙다는 답장을 받았다. 엄마가 준 매트리스 값에다 내 돈을 더 보태서 보내 줬다. 3주 뒤 필리핀에서 그 원장님 이름으로 작은 소포가 왔다.

매트리스 산 영수증, 페인트 산 영수증, 새 매트리스로 바뀐 침대에 앉아 있거나 누워 있는 아이들 사진, 3층 건물을 하늘색으로 페인트칠한 사진, 깨진 창문을 갈아 끼운 사진, 식탁을 꽃무늬가 있는 비닐로 모두 덮어씌운 사진, 아이들과 스텝 모두가 함께 찍은 사진, 그리고 감사 편지가 소포에 들어 있었다. 나는 남편과 딸에게 먼저 보여 준 후, 다음 날 엄마에게 하나하나 보여 주면서 설명을 해 줬다. 엄마는 침대에서 웃고 있는 아이들 모습을 보더니 "아이들이 좀 더 편하게 자겠네." 하면서 미소를 지었다.

그 후 2년 뒤 엄마는 또 한 번 그 고아원에 150벌의 따뜻한 추리닝을 보냈다. 고산지대 숲속에 위치한 고아원은 밤에 꽤 춥다. 난방시설이 되어 있지 않은 오래된 건물이라 잠자리가 따뜻하지 않다. 그래서 엄마는 아이들이 저녁에 편하게 입고 놀다가 그대로 잠옷으로 사용하는 것이 가능한 옷들을 골라 보내 주었다. 나이에 맞게 사이즈를 맞추어 보내 줬다. 엄마는 그해 겨울 원장님으로부터 멋진 크리스마스카드를 받았다. 엄마는 어려운 이웃이나 친척들을 대할 때 팔을 걷어붙이고 격하게 행동하지 않았다. 엄마가 소유한 측은지심은 조용히 공감하며 드러나지 않게 도움을 주는 것이었다. 어떠한 보상이나 칭찬은 아예 생각도 하지 않는 사람이었다. 엄마는 때를 따라 사람을 돕는 방법을 알고 있었다. 엄마의 선행들은 결국 나에게 좋은 인연으로 돌아왔다. 다양한 사람들을 만나는 계기가 되었으며 그 속에서 나는 사람에 대한 이해의 폭을 넓힐 수 있었다.

4

죽음에도 품위가 있다

나이 들어가면서 죽음이 멀리 있는 것이 아니고 내 주변에 항상 있음을 실감하게 된다. 친인척들의 죽음, 때 이른 동창들의 죽음, 같은 교인들의 죽음 등 삶속에서 너무나 자주 일어나는 것을 보게 된다. 그러한 죽음들이 나와 연결될 때가 있다. 내 몸의 어느 한 구석이 아파 오면 죽음에 대한 두려움이 엄습해 일이 손에 잡히지 않아 일상이 멈추곤 했다. 물론 죽으면 천국 간다는 믿음은 쭉 있어 왔지만, 이 땅에서 아프지 않고 식구들과 형제들 얼굴 보며 오래 살고 싶은 욕심이 더 컸다. 사실 지금도 건강하게 오래 살고 싶다. 나만 이런 생각을 하는 것은 아닐 것이다.

오늘날 우리는 대중매체를 통해 다양한 죽음들을 접한다. 멀쩡한 사람이 하루아침에 도로에서, 바다에서, 산에서, 행사장에서, 하늘에서, 여행지에서 객사하는 안타까운 죽음들이 있다. 또 자살로 약 먹고 가는 사람, 목매어 가는 사람, 특정 장소에서 뛰어내리는 사람 등 허망한 죽음을 보기도 한다. 그나마 노화로 병들어 세상을 뜨는 것이 가장 자연스러운 죽음임을 누구나 알고 있다. 이 죽음에도 임종 직전의 모습은 참 다양하다. 내가 그동안 병원이나 집에서 본 죽음의 모습들이다. 소리 지르는 사람, 고통에 몸을 떠는 사람, 조용히 기도하며 가는 사람, 링거를 주렁주렁 달고 가는 사람, 식물인간 상태로 가는 사람, 눈을 부릅뜨고 경련을 일으키는 사람, 겁에 질려 얼굴이 까맣게 경직되어 있는 사람, 편안히 자연사하는 사람, 눈물 흘리며 가는 사람 등이 있었다.

우리 부모님도 죽음을 맞이하는 방식과 임종이 남들과 달랐다. 신기하게도 아버지도 엄마도 죽음의 날짜를 정확히 알려 주고 떠났다. 하나님께서 알려 주셨다고 믿고 있지만, 이것은 영적 세계에 속한 것이라 누구나 수긍하고 이해하기는 힘들다. 아버지는 병상에서 예수님을 만나 구원받고 죽는 순간까지 또렷한 의식으로 인격적인 죽음을 맞았다. 엄마는 죽음에 대한 두려움이 전혀 없었고 천국에 대한 소망의 끈을 끝까지 놓지 않았다. 나는 엄마의 죽음의 과정을 천천히 지켜보면서 정말 품위 있게 하늘나라 가는 것이 어떤 것인지를 보았다. 물론 엄마의 정금 같은 믿음이 그러한 죽음을 가능하게 했을 것이다. 그리고 부모님의 죽음은 우리 형제들에게 죽음 이후에도 계속 가야할 영적 세계가 있다는 사실을 알려 주었다.

성경 히브리서 9장 27절에 이런 말씀이 있다.

[한 번 죽는 것은 사람에게 정해진 것이요, 그 후에는 심판이 있으리니]

우리는 살아 있는 동안 죽음과 사후세계를 진지하게 생각해 보아야 한다. 종교가 있고 없고를 떠나 [내가 길이요 진리요 생명이다]라고 말씀하신 예수님에 대해서도 생각해 볼 필요가 있다. 엄마의 죽음을 계기로 내 삶의 우선순위가 바뀌었다. 그리고 나는 세 가지 확신을 얻었다.

첫째는 죽음에 대한 자유함을 얻었다. 이제는 아파도 불안하거나 두렵지 않다.
둘째는 하나님을 더욱 알아가는 것이 삶의 진짜 공부라는 것이다.
셋째는 오직 믿음으로 천국을 간다는 것이다.

엄마는 우리 집안에 '믿음, 소망. 사랑'이라는 큰 흔적을 남기고 품위 있게 떠나가셨다.